LES PLAISIRS DE L'ISLE ENCHANTÉE.

COURSE DE BAGUE;

COLLATION ORNÉE DE MACHINES;

COMEDIE, MESLÉE DE DANSE ET DE MUSIQUE;

BALLET DU PALAIS D'ALCINE;

FEU D'ARTIFICE:

ET AUTRES FESTES GALANTES ET MAGNIFIQUES,

FAITES PAR LE ROY A VERSAILLES,

LE VII. MAY M. DC. LXIV.

ET CONTINUÉES PLUSIEURS AUTRES JOURS.

A PARIS,

DE L'IMPRIMERIE ROYALE.

M. DC. LXXIII.

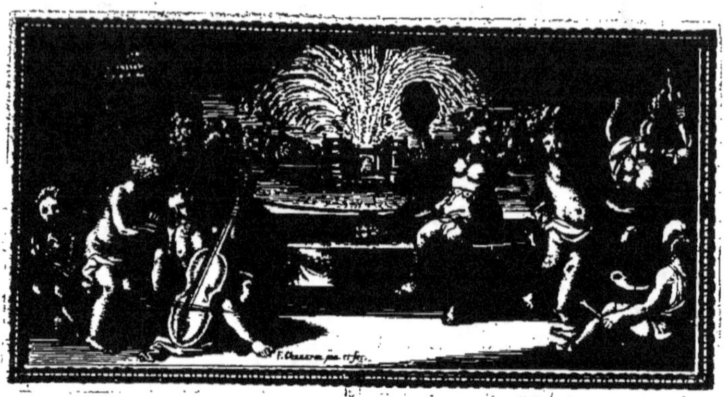

LES PLAISIRS DE L'ISLE ENCHANTÉE.

COURSE DE BAGUE; COLLATION ORNÉE DE MACHINES; COMEDIE, MESLÉE DE DANSE ET DE MUSIQUE; BALLET DU PALAIS D'ALCINE; FEU D'ARTIFICE: ET AUTRES FESTES GALANTES ET MAGNIFIQUES, FAITES PAR LE ROY A VERSAILLES, LE VII. MAY M. DC. LXIV. ET CONTINUÉES PLUSIEURS AUTRES JOURS.

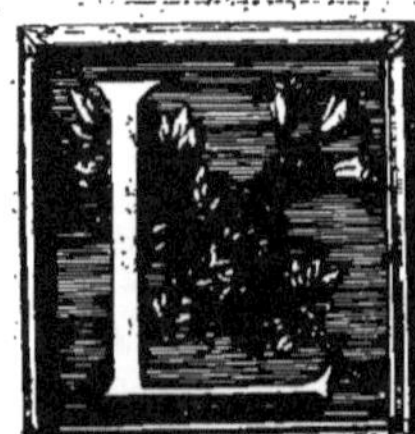

E ROY, voulant donner aux Reines & à toute ſa Cour le plaiſir de quelques Feſtes peu communes, dans un lieu orné de tous les agrémens qui peuvent faire admirer une Maiſon de Campagne, choiſit Verſailles, à quatre lieuës de Paris. C'eſt un Chaſteau qu'on peut nommer un Palais enchanté, tant les ajuſtemens de l'art ont bien ſecondé les ſoins que la Nature a pris pour le rendre parfait. Il charme en toutes maniéres. Tout y rit dehors & dedans. L'or & le marbre y diſputent de beauté & d'éclat. Et quoy-qu'il n'ait pas cette grande étenduë qui ſe remarque en quelques autres Palais de Sa Majeſté, toutes choſes y ſont ſi polies, ſi bien entenduës, & ſi achevées, que rien ne le peut égaler. Sa Symetrie, la richeſſe de ſes meubles, la beauté de ſes promenades, & le nombre infini de ſes fleurs, comme de ſes orangers, rendent les environs de ce lieu dignes de ſa rareté ſinguliére. La diverſité des Beſtes contenuës dans les deux Parcs, & dans la Meſnagerie, où pluſieurs Cours en Eſtoilles ſont accompagnées de Viviers pour les animaux aquatiques, avec de grands Baſtimens, joignent le plaiſir avec la magnificence, & en font une Maiſon accomplie.

CE fut en ce beau lieu, où toute la Cour ſe rendit le cinquiéme de May; que le Roy traita plus de ſix cens perſonnes juſques au quatorziéme; outre une infinité de gens neceſſaires à la danſe & à la Comedie, & d'Artiſans de toutes ſortes venus de Paris : ſi-bien que cela paroiſſoit une petite armée.

Le Ciel meſme ſembla favoriſer les deſſeins de Sa Majeſté, puis qu'en une ſaiſon preſque toûjours pluvieuſe, on en fut quitte pour un peu de vent, qui ſembla n'avoir augmenté, qu'afin de faire voir que la prévoyance & la puiſſance du Roy, étoient à l'épreuve des plus grandes incommoditez. De hautes toilles, des baſtimens de bois faits preſque en un inſtant, & un nombre prodigieux de flambeaux de cire blanche, pour ſuppléer à plus de quatre mille bougies chaque journée, réſiſterent à ce vent, qui par tout ailleurs euſt rendu ces divertiſſements comme impoſſibles à achever.

Monſieur de Vigarani, Gentilhomme Modenois, fort ſçavant en toutes ces choſes, inventa & propoſa celles-cy; & le Roy commanda au Duc de Saint Aignan, qui ſe trouva lors en fonction de premier Gentilhomme de ſa Chambre, & qui avoit déja donné pluſieurs Sujets de Ballet fort agréables, de faire un deſſein où elles fuſſent toutes compriſes avec liaiſon & avec ordre : de-ſorte qu'elles ne pouvoient manquer de bien réüſſir.

Il prit pour Sujet le Palais d'Alcine, qui donna lieu au Titre des Plaiſirs de l'Iſle enchantée; puis que, ſelon l'Arioſte, le brave vé Roger & plusieurs autres bons Chevaliers y furent retenus par les doubles charmes de la beauté, quoi-qu'empruntée, & du sçavoir de cette Magicienne, & en furent delivrez, aprés beaucoup de temps consommé dans les délices, par la bague qui détruisoit les enchantemens. C'estoit celle d'Angelique, que Melisse, sous la forme du vieux Atlas, mit enfin au doigt de Roger.

On fit donc en peu de jours orner un Rond, où quatre grandes allées aboutissent entre de hautes palissades; de quatre Portiques, de trente-cinq pieds d'élevation, & de vingt-deux en quarré d'ouverture; de plusieurs festons enrichis d'or, & de diverses peintures, avec les Armes de Sa Majesté.

Toute la Cour s'y estant placée le septiéme, il entra dans la place sur les six heures du soir un Heraut d'Armes, representé par M. des Bardins, vestu d'un habit à l'antique, couleur de feu en broderie d'argent, & fort bien monté.

Il estoit suivi de trois Pages. Celuy du Roy, M. d'Artagnan, marchoit à la teste des deux autres, fort richement habillé de couleur de feu, livrée de Sa Majesté, portant sa Lance & son Escu, dans lequel brilloit un Soleil de pierreries, avec ces mots:

Nec cesso, nec erro.

Faisant allusion à l'attachement de Sa Majesté aux affaires de son Estat, & la maniére avec laquelle il agit. Ce qui estoit encore representé par ces quatre vers du Président de Perigny, auteur de la mesme Devise.

CE n'est pas sans raison que la Terre & les Cieux,
Ont tant d'étonnement pour un Objet si rare;
Qui dans son cours penible, autant que glorieux,
Jamais ne se repose, & jamais ne s'égare.

Les deux autres Pages estoient aux Ducs de S. Aignan & de Noailles. Le premier, Maréchal de Camp; & l'autre, Juge des Courses.

Celuy du Duc de S. Aignan portoit l'Escu de sa Devise, & estoit habillé de sa livrée de toile d'argent enrichie d'or, avec les plumes incarnates & noires, & les rubans de mesme. Sa Devise estoit telle. Un Tymbre d'Horloge, avec ces mots:

De mis golpes mi ruido.

Le Page du Duc de Noailles estoit vestu de couleur de

feu, argent & noir; & le reste de la livrée semblable. La Devise qu'il portoit dans son Escu, estoit un Aigle avec ces mots:

Fidelis & audax.

Quatre Trompettes & deux Tymbaliers marchoient aprés ces Pages, habillez de satin couleur de feu, & argent; leurs plumes de la mesme livrée, & les caparaçons de leurs chevaux couverts d'une pareille broderie, avec des Soleils d'or fort éclatans aux banderolles des Trompettes, & les couvertures des Tymballes.

Le Duc de S. Aignan Maréchal de Camp marchoit aprés eux, armé à la Greque, d'une cuirasse de toile d'argent couverte de petites écailles d'or, aussi-bien que son bas de saye, & son Casque estoit orné d'un Dragon, & d'un grand nombre de plumes blanches, mêlées d'incarnat & de noir. Il montoit un cheval blanc, bardé de mesme, & representoit Guidon le Sauvage.

Pour le DUC DE SAINT AIGNAN,

Representant GUIDON LE SAUVAGE.

LES combats que j'ay faits en l'Isle dangereuse,
Quand de tant de Guerriers je demeuray vainqueur,
Suivis d'une épreuve amoureuse,
Ont signalé ma force aussi-bien que mon cœur.
La vigueur qui fait mon estime,
Soit qu'elle embrasse un parti legitime,
Ou qu'elle vienne à s'échapper;
Fait dire, pour ma gloire, aux deux bouts de la Terre,
Qu'on n'en voit point en toute guerre,
Ni plus souvent, ni mieux frapper.

POUR LE MESME.

SEUL contre dix Guerriers, seul contre dix Pucelles,
C'est avoir sur les bras deux étranges querelles:
Qui sort à son honneur de ce double combat
Doit estre, ce me semble, un terrible Soldat.

Huit Trompettes & deux Tymballiers, vestus comme les premiers, marchoient aprés le Maréchal de Camp.

LE ROY, representant Roger, les suivoit, montant un des plus beaux chevaux du monde, dont le harnois, couleur de feu, éclatoit d'or, d'argent & de pierreries. Sa Majesté estoit armée à la façon des Grecs, comme tous ceux de sa Quadrille, & portoit une cuirasse de lame d'argent, couverte d'une riche broderie d'or & de diamans. Son port & toute son action estoient dignes de son rang: son Casque tout couvert de plumes couleur de feu, avoit une grace incomparable: & jamais un air plus libre, ni plus guerrier, n'a mis un mortel au dessus des autres hommes.

Pour LE ROY,

Representant ROGER.

SONNET.

QUELLE taille, quel port a ce fier Conquérant?
Sa personne éblouit quiconque l'examine;
Et quoi-que par son poste il soit déja si grand,
Quelque chose de plus éclate dans sa mine.

Son front de ses Destins est l'auguste garant:
Par-delà ses Ayeux sa vertu l'achemine.
Il fait qu'on les oublie; & de l'air qu'il s'y prend,
Bien loin derriére luy laisse son origine.

De ce cœur génereux c'est l'ordinaire employ,
D'agir plus volontiers pour autruy que pour soy:
Là principalement sa force est occupée.

Il efface l'éclat des Héros Anciens;
N'a que l'honneur en veüe, & ne tire l'épée
Que pour des interests qui ne sont pas les siens.

Le Duc de Noailles, Juge du Camp sous le nom d'Oger le Danois, marchoit aprés le Roy, portant la couleur de feu & le noir sous une riche broderie d'argent; & ses plumes, aussi-bien que tout le reste de son équipage, estoient de cette mesme livrée.

Pour le DUC DE NOAILLES,

Representant OGER LE DANOIS, Juge du Camp.

CE Paladin s'applique à cette seule affaire,
De servir dignement le plus puissant des Rois.
Comme pour bien juger, il faut sçavoir bien faire;
Je doute que personne appelle de sa voix.

Le Duc de Guise & le Comte d'Armagnac marchoient ensemble aprés luy. Le premier, portant le nom d'Aquilant le Noir, avoit un habit de cette couleur en broderie d'or & de geais. Ses plumes, son cheval, & sa lance assortissoient à sa livrée. Et l'autre, representant Griffon le Blanc, portoit sur un habit de toile d'argent plusieurs rubis, & montoit un cheval blanc bardé de la mesme couleur.

Pour le DUC DE GUISE,
Representant AQUILANT LE NOIR.

LA Nuit a ses beautez de mesme que le jour:
Le Noir est ma couleur, je l'ay toûjours aimée:
Et si l'obscurité convient à mon Amour,
Elle ne s'étend pas jusqu'à ma Renommée

Pour le COMTE D'ARMAGNAC,
Representant GRIFFON LE BLANC.

VOYEZ *quelle candeur en moy le Ciel a mis;*
Aussi nulle Beauté ne s'en verra trompée:
Et quand il sera temps d'aller aux ennemis,
C'est où je me feray tout blanc de mon épée.

Les Ducs de Foix & de Coaslin, qui paroissoient en suite, estoient vestus, l'un d'incarnat avec or & argent, & l'autre de vert, blanc & argent; toute leur livrée & leurs chevaux estant dignes du reste de leur équipage.

Pour le DUC DE FOIX,
Representant RENAUD.

IL porte un nom celebre; il est jeune, il est sage.
A vous dire le vray, c'est pour aller bien haut;
Et c'est un grand bonheur, que d'avoir, à son âge,
La chaleur necessaire, & le flegme qu'il faut.

Pour le DUC DE COASLIN,
Representant DUDON.

TROP *avant dans la Gloire on ne peut s'engager:*
J'auray vaincu sept Rois, & par mon grand courage
Les verray tous soûmis au pouvoir de ROGER,
Que je ne seray pas content de mon Ouvrage.

Aprés eux marchoient le Comte du Lude & le Prince de Marsillac;

Marsillac ; le premier vestu d'incarnat & blanc ; & l'autre de jaune, blanc & noir ; enrichis de broderie d'argent, leur livrée de mesme, & fort bien montez.

Pour le COMTE DU LUDE,
Representant ASTOLPHE.

DE tous les Paladins qui sont dans l'Univers,
Aucun n'a pour l'Amour l'ame plus échaufée,
Entreprenant toûjours mille projets divers,
Et toûjours enchanté par quelque jeune Fée.

Pour le PRINCE DE MARSILLAC,
Representant BRANDIMART.

MES vœux seront contents, mes souhaits accomplis,
Et ma bonne fortune à son comble arrivée,
Quand vous sçaurez mon Zele, aimable FLEUR-DE-LIS,
Au milieu de mon cœur profondément gravée.

Les Marquis de Villequier & de Soyecourt marchoient en suite. L'un portoit le bleu & argent ; & l'autre, le bleu, blanc, & noir, avec or & argent : leurs plumes, & les harnois de leurs chevaux estoient de la mesme couleur, & d'une pareille richesse.

Pour le MARQUIS DE VILLEQUIER,
Representant RICHARDET.

PERSONNE *comme moy n'est sorti galamment*
D'une intrigue où sans doute il falloit quelque adresse ;
Personne, à mon avis, plus agréablement
N'est demeuré fidelle en trompant sa Maistresse.

Pour le MARQUIS DE SOYECOURT,
Representant OLIVIER.

VOICY *l'honneur du Siécle, auprés de qui nous sommes,*
Et mesme les Géants, de mediocres Hommes,
Et ce franc Chevalier à tout venant tout prest,
Toûjours pour quelque Jouste a la lance en arrest.

Les Marquis d'Humiéres & de la Valliére les suivoient ; ce premier portant la couleur de chair & argent ; & l'autre, le gris-de-lin, blanc & argent : toute leur livrée estant la plus riche, & la mieux assortie du monde.

Pour le MARQUIS D'HUMIÉRES,
Representant ARIODANT.

JE tremble dans l'accés de l'amoureuse fiévre;
Ailleurs sans vanité je ne tremblai jamais:
Et ce charmant objet, l'adorable GENE'VRE,
Est l'unique vainqueur à qui je me soûmets.

Pour le MARQUIS DE LA VALLIÉRE,
Representant ZERBIN.

QUELQUES *beaux sentimens que la gloire nous donne,*
Quand on est amoureux au souverain degré,
Mourir entre les bras d'une belle Personne,
Est de toutes les morts la plus douce à mon gré.

Monsieur le DUC marchoit seul, portant pour sa livrée la couleur de feu, blanc & argent. Un grand nombre de Diamans estoient attachez sur la magnifique broderie, dont sa cuirasse & son bas de saye estoient couverts; son casque & le harnois de son cheval en estant aussi enrichis.

Pour Monsieur le DUC,
Representant ROLAND.

ROLAND *fera bien loin son grand nom retentir:*
La Gloire deviendra sa fidelle compagne,
Il est sorti du sang qui brusle de sortir,
Quand il est question de se mettre en campagne,
Et pour ne vous en point mentir,
C'est le pur sang de Charlemagne.

UN Char de dix-huit pieds de haut, de vingt-quatre de long, & de quinze de large, paroissoit en suite, éclatant d'or & de diverses couleurs. Il representoit celuy d'Apollon, en l'honneur duquel se celebroient autrefois les Jeux Pythiens, que ces Chevaliers s'estoient proposez d'imiter en leurs Courses & en leur équipage. Cette Divinité brillante de lumiéres estoit assise au plus haut du Char, ayant à ses pieds les quatre Ages ou Siécles, distinguez par de riches habits, & par ce qu'ils portoient à la main.

Le Siécle d'Or orné de ce précieux métail, estoit encore paré des diverses Fleurs, qui faisoient un des principaux ornemens de cét heureux Age.

Ceux d'Argent & d'Airain avoient aussi leurs remarques particuliéres.

Et celuy de Fer estoit representé par un Guerrier d'un regard terrible, portant d'une main l'épée, & de l'autre le bouclier.

Plusieurs autres grandes Figures de relief paroient les costez de ce Char magnifique. Les Monstres Celestes, le Serpent Python, Daphné, Hyacinthe, & les autres Figures qui conviennent à Apollon, avec un Atlas portant le Globe du Monde, y estoient aussi relevez d'une agréable sculpture. Le Temps representé par le sieur Millet, avec sa faux, ses aisles, & cette vieillesse décrepite, dont on le peint toûjours accablé, en estoit le conducteur. Quatre chevaux d'une taille & d'une beauté peu communes, couverts de grandes housses semées de Soleils d'or, & attellez de front, tiroient cette Machine.

Les douze Heures du jour, & les douze Signes du Zodiaque, habillez fort superbement, comme les Poëtes les dépeignent, marchoient en deux files aux deux costez de ce Char.

Tous les Pages des Chevaliers le suivoient deux à deux, aprés celuy de Monsieur le Duc, fort proprement vestus de leurs livrées, avec quantité de plumes, portant leurs lances & les Escus de leurs Devises.

Le Duc de Guise, representant Aquilant le Noir, ayant pour Devise un Lion qui dort, avec ces mots:

Et quiescente pavescunt.

Le Comte d'Armagnac, representant Griffon le Blanc, ayant pour Devise une Hermine, avec ces mots:

Ex candore decus.

Le Duc de Foix, representant Renaud, ayant pour Devise un Vaisseau dans la Mer, avec ces mots:

Longè levis aura feret.

Le Duc de Coaslin, representant Dudon, ayant pour Devise un Soleil, & l'Heliotrope ou Tournesol, avec ces mots:

Splendor ab obsequio.

Le Comte du Lude, representant Astolphe, ayant pour Devise un chiffre en forme de nœud, avec ces mots:

Non fia mai sciolto.

Le Prince de Marſillac, repreſentant Brandimart, ayant pour Deviſe une Montre en relief, dont on voit tous les reſſorts, avec ces mots :

Chieto fuor, commoto dentro.

Le Marquis de Villequier, repreſentant Richardet, ayant pour Deviſe un Aigle qui plane devant le Soleil, avec ces mots :

Vni militat Aſtro.

Le Marquis de Soyecourt, repreſentant Olivier, ayant pour Deviſe la Maſſuë d'Hercule, avec ces mots :

Vix æquat fama labores.

Le Marquis d'Humiéres, repreſentant Ariodant, ayant pour Deviſe toutes ſortes de Couronnes, avec ces mots :

No quiero menos.

Le Marquis de la Valliére, repreſentant Zerbin, ayant pour Deviſe un Phenix ſur un bûcher allumé par le Soleil, avec ces mots :

Hoc juvat uri.

Monſieur le DUC, repreſentant Roland, ayant pour Deviſe un Dard entortillé de Lauriers, avec ces mots :

Certò ferit.

VINGT Paſteurs chargez des diverſes piéces de la Barriére, qui devoit eſtre dreſſée pour la Courſe de Bague, formoient la derniére Troupe qui entra dans la Lice. Ils portoient des veſtes, couleur de feu, enrichies d'argent, & des coëffures de meſme.

Auſſitoſt que ces Troupes furent entrées dans le Camp, elles en firent le tour; & aprés avoir ſalüé les Reines, elles ſe ſeparerent, & prirent chacun ſon poſte. Les Pages, de la teſte. Les Trompettes & les Tymballiers ſe croiſans, s'allerent poſter ſur les aiſles. Le Roy s'avançant au milieu, prit ſa place vis-à-vis du haut Dais. Monſieur le Duc proche de Sa Majeſté. Les Ducs de Saint Aignan & de Noailles à droite & à gauche. Les dix Chevaliers en haye aux deux coſtez du Char. Leurs Pages au meſme ordre derriére eux. Les Signes & les Heures comme ils eſtoient entrez.

Lors

Lors qu'on eût fait alte en cét estat, vn profond silence causé tout ensemble par l'attention & par le respect, donna le moyen à Mad[elle] de Brie, qui representoit le Siécle d'Airain, de commencer ces vers à la loüange de la Reine, adressez à Apollon.

LE SIECLE D'AIRAIN à Apollon.

BRILLANT Pere du jour, Toy de qui la puissance
Par ses divers aspects nous donna la naissance;
Toy l'espoir de la Terre, & l'ornement des Cieux;
Toy le plus necessaire & le plus beau des Dieux;
Toy, dont l'activité, dont la bonté supréme
Se fait voir & sentir en tous lieux par soy-même:
Dis-nous par quel destin, ou par quel nouveau chois
Tu celebres tes jeux aux rivages François?

APOLLON.

Si ces lieux fortunez ont tout ce qu'eût la Grece
De gloire, de valeur, de merite & d'adresse;
Ce n'est pas sans raison qu'on y voit transferez
Ces jeux, qu'à mon honneur la terre a consacrez.
J'ay toûjours pris plaisir à verser sur la France
De mes plus doux rayons la benigne influence:
Mais le charmant objet qu'Hymen y fait regner,
Pour elle maintenant me fait tout dédaigner.
Depuis vn si long-temps que pour le bien du monde
Je fais l'immense tour de la terre & de l'onde,
Jamais je n'ay rien veû si digne de mes feux;
Jamais vn sang si noble, vn cœur si génereux;
Jamais tant de lumiére avec tant d'innocence;
Jamais tant de jeunesse avec tant de prudence;
Jamais tant de grandeur avec tant de bonté;
Jamais tant de sagesse avec tant de beauté.
Mille Climats divers qu'on vit sous la puissance
De tous les demi-Dieux dont elle prit naissance,
Cedant à son merite autant qu'à leur devoir,
Se trouveront un jour unis sous son pouvoir.
Ce qu'eurent de grandeurs & la France & l'Espagne,
Les droits de Charles-Quint, les droits de Charle-Magne,
En elle, avec leur sang heureusement transmis,
Rendront tout l'Vnivers à son Trône soûmis.

Mais un titre plus grand, un plus noble partage,
Qui l'éleve plus haut, qui luy plaist davantage;
Un nom qui tient en soy les plus grands noms unis,
C'est le nom glorieux d'Epouse de LOUÏS.

LE SIECLE D'ARGENT.

Quel destin fait briller avec tant d'injustice
Dans le Siécle de Fer un Astre si propice?

LE SIECLE D'OR.

Ah! ne murmure point contre l'ordre des Dieux.
Loin de s'enorgueïllir d'un don si précieux,
Ce siécle, qui du Ciel a merité la haine,
En devroit augurer sa ruïne prochaine,
Et voir qu'une vertu qu'il ne peut suborner,
Vient moins pour l'ennoblir que pour l'exterminer.
Si-tost qu'elle paroist dans cette heureuse terre,
Voy comme elle en banit les fureurs de la guerre:
Comment depuis ce jour d'infatigables mains
Travaillent sans relâche au bonheur des humains;
Par quels secrets ressorts un Heros se prépare,
A chasser les horreurs d'un siécle si barbare,
Et me faire revivre avec tous les plaisirs,
Qui peuvent contenter les innocens desirs.

LE SIECLE DE FER.

Je sçais quels ennemis ont entrepris ma perte,
Leurs desseins sont connus, leur trame est découverte:
Mais mon cœur n'en est pas à tel point abbatu...

APOLLON.

Contre tant de grandeur, contre tant de vertu,
Tous les monstres d'Enfer unis pour ta défense
Ne feroient qu'une foible & vaine résistance.
L'Univers opprimé de ton joug rigoureux,
Va goûter par ta fuite un destin plus heureux:
Il est temps de ceder à la Loy souveraine,
Que t'imposent les vœux de cette auguste Reine;
Il est temps de ceder aux travaux glorieux
D'un Roy favorisé de la Terre & des Cieux.
Mais icy trop long-temps ce differend m'arreste:
A de plus doux combats cette Lice s'apreste;

Allons la faire ouvrir, & ployons des Lauriers,
Pour couronner le front de nos fameux Guerriers.

TOUS ces Recits achevez, la Course de Bague commença; en laquelle, aprés que le Roy eût fait admirer l'adresse & la grace qu'il a en cét exercice, comme en tous les autres, & aprés plusieurs belles Courses de tous ces Chevaliers, le Duc de Guise, les Marquis de Soyecourt & de la Valliére demeurerent à la dispute, dont ce dernier emporta le prix, qui fut une épée d'or enrichie de Diamans, avec des boucles de baudrier de grande valeur, que donna la Reine Mere, & dont elle l'honora de sa main.

La nuit vint cependant à la fin des Courses, par la justesse qu'on avoit eû à les commencer; & un nombre infini de lumiéres ayant éclairé tout ce beau lieu, l'on vit entrer dans la même place trente-quatre Concertans fort bien vestus, qui devoient préceder les Saisons, & faisoient le plus agréable concert du monde.

Pendant que les Saisons se chargeoient des mets délicieux qu'elles devoient porter, pour servir devant leurs Majestez la magnifique collation qui estoit préparée, les douze Signes du Zodiaque, & les quatre Saisons danserent dans le rond une des plus belles entrées de Ballet qu'on eût encore veüë.

Le Printemps parut en suite sur un Cheval d'Espagne, representé par Mad^elle^ du Parc, qui avec le sexe & les avantages d'une femme, faisoit voir l'adresse d'un homme. Son habit estoit vert en broderie d'argent, & de fleurs au naturel.

L'Esté le suivoit, representé par le Sieur du Parc, sur un Elephant, couvert d'une riche housse.

L'Automne aussi avantageusement vestuë, representée par le Sieur de la Thorilliére, venoit aprés monté sur un Chameau.

L'Hyver suivoit sur un Ours, representé par le Sieur Béjard.

Leur suite estoit composée de quarante-huit personnes, qui portoient toutes sur leurs testes de grands bassins pour la collation.

Les douze premiers couverts de fleurs, portoient, comme des Jardiniers, des Corbeilles peintes de vert & d'argent, garnies d'un grand nombre de porcelaines, si remplies de confitures & d'autres choses délicieuses de la Saison, qu'ils estoient courbez sous cét agréable faix.

Douze autres, comme Moissonneurs, vestus d'habits conformes à cette profession, mais fort riches, portoient des bassins de cette couleur incarnate, qu'on remarque au Soleil levant, & suivoient l'Esté.

Douze autres vestus en vendangeurs, estoient couverts de feüilles de vignes & de grappes de raisins, & portoient dans des paniers feüille-morte, remplis de petits bassins de cette même couleur, divers autres fruits & confitures à la suite de l'Automne.

Les douze derniers, estoient des Vieillards gelez, dont les fourrures & la démarche marquoient la froideur & la foiblesse, portant dans des bassins couverts d'une glace & d'une neige si bien contrefaites, qu'on les eust pris pour la chose même, ce qu'ils devoient contribuër à la Collation, & suivoient l'Hyver.

Quatorze Concertans de Pan & de Diane précedoient ces deux Divinitez, avec une agréable Harmonie de Flûtes & de Musettes.

Elles venoient en suite sur une machine fort ingenieuse en forme d'une petite montagne ou roche ombragée de plusieurs arbres ; mais ce qui estoit plus surprenant, c'est qu'on la voyoit portée en l'air, sans que l'artifice qui la faisoit mouvoir se pûst découvrir à la veüë.

Vingt autres personnes les suivoient, portant des viandes de la Mênagerie de Pan, & de la Chasse de Diane.

Dix-huit Pages du Roy fort richement vestus, qui devoient servir les Dames à table, faisoient les derniers de cette troupe ; laquelle estant rangée, Pan, Diane & les Saisons se presentant devant la Reine, le Printemps luy adressa le premier ces vers.

LE PRINTEMPS A LA REINE.

ENTRE toutes les fleurs nouvellement écloses,
Dont mes jardins sont embellis,
Méprisant les jasmins, les œillets & les roses,
Pour payer mon tribut j'ay fait choix de ces lys,
Que de vos premiers ans vous avez tant cheris.
LOUÏS les fait briller du couchant à l'aurore:
Tout l'Univers charmé les respecte & les craint ;

Mais

Mais leur regne eſt plus doux & plus puiſſant encore,
Quand ils brillent ſur voſtre teint.

L'ESTE'.

Surpris un peu trop promtement,
J'apporte à cette Feſte un leger ornement:
Mais avant que ma ſaiſon paſſe,
Je feray faire à vos Guerriers,
Dans les campagnes de la Thrace,
Une ample moiſſon de Lauriers.

L'AUTOMNE A LA REINE.

Le Printemps orgueïlleux de la beauté des fleurs
Qui luy tomberent en partage,
Prétend de cette Feſte avoir tout l'avantage,
Et nous croit obſcurcir par ſes vives couleurs:
Mais vous vous ſouviendrez, Princeſſe ſans ſeconde,
De ce fruit précieux qu'a produit ma ſaiſon,
Et qui croiſt dans voſtre maiſon,
Pour faire quelque jour les délices du Monde.

L'HYVER.

La neige, les glaçons que j'apporte en ces lieux,
Sont les mets les moins précieux:
Mais ils ſont des plus néceſſaires,
Dans une Feſte, où mille objets charmans,
De leurs œillades meurtriéres,
Font naître tant d'embrazemens.

DIANE A LA REINE.

Nos bois, nos rochers, nos montagnes,
Tous nos chaſſeurs, & mes compagnes,
Qui m'ont toûjours rendu des honneurs ſouverains,
Depuis que parmi nous ils vous ont veû paroiſtre,
Ne veulent plus me reconnoiſtre;
Et chargez de preſens, viennent avec moy
Vous porter ce tribut pour marque de leur foy.

Les habitans legers de cét heureux bocage,
De tomber dans vos rets font leur ſort le plus doux,
Et n'eſtiment rien davantage,
Que l'heur de perir de vos coups:

Amour, dont vous avez la grace & le visage,
A le même secret que vous.

PAN A LA REINE.

Jeune Divinité, ne vous étonnez pas,
Lors que nous vous offrons en ce fameux repas
L'élite de nos bergeries:
Si nos troupeaux goûtent en paix
Les herbages de nos prairies,
Nous devons ce bonheur à vos divins attraits.

CES Recits achevez, une grande Table en forme de Croissant, où l'on devoit couvrir & garnir de fleurs le costé où elle estoit creuse, vint à se découvrir.

Trente-six Violons tres-bien vestus parurent derriére sur un petit Theatre, pendant que Messieurs de la Marche, & Parfait Pere, Frere, & Fils, Contrôlleurs Generaux, sous les noms de l'Abondance, de la Joye, de la Propreté, & de la Bonne-Chere, la firent couvrir par les Plaisirs, par les Jeux, par les Ris, & par les Délices.

Leurs Majestez s'y mirent en cét ordre, qui prévint tous les embaras qui eussent pû naistre pour les rangs.

La Reine Mere estoit assise au milieu de la Table, & avoit à sa main droite

LE ROY.

Mademoiselle d'Alençon.
Madame la Princesse.
Mademoiselle d'Elbeuf.
Madame de Bethune.
Madame la Duchesse de Crequy.
MONSIEUR.
Madame la Duchesse de Saint Aignan.
Madame la Maréchalle du Plessis.
Madame la Maréchalle d'Estampes.
Madame de Gourdon.
Madame de Montespan.
Madame d'Humiéres.
Mademoiselle de Brancas.

Madame d'Armagnac.
Madame la Comtesse de Soissons.
Madame la Princesse de Bade.
Mademoiselle de Grançay.

De l'autre costé estoient assises,

LA REINE.
Madame de Carignan.
Madame de Flaix.
Madame la Duchesse de Foix.
Madame de Brancas.
Madame de Froulay.
Madame la Duchesse de Navailles.
Mademoiselle d'Ardennes.
Mademoiselle de Cologon.
Madame de Crussol.
Madame de Montauzier.
MADAME.
Madame la Princesse Benedicte.
Madame la Duchesse.
Madame de Rouvroy.
Mademoiselle de la Mothe.
Madame de Marsé.
Mademoiselle de la Valliére.
Mademoiselle d'Artigny.
Mademoiselle du Bellay.
Mademoiselle de Dampierre.
Mademoiselle de Fiennes.

La somptuosité de cette Collation passoit tout ce qu'on en pourroit écrire, tant par l'abondance, que par la délicatesse des choses qui y furent servies. Elle faisoit aussi le plus bel objet qui puisse tomber sous les sens, puis que dans la nuit auprés de la verdeur de ces hautes palissades, un nombre infini de Chandeliers peints de vert & d'argent, portans chacun vingt-quatre bougies, & deux cens flambeaux de cire blanche, tenus par autant de personnes vestuës en Masques, rendoient une clarté presque aussi grande & plus agréable que celle du jour. Tous les Chevaliers avec leurs Casques couverts de plumes de differentes couleurs, & leurs habits de la Course, estoient appuyez sur la Barriére; & ce grand nombre d'Officiers richement vestus, qui servoient, en augmentoient encore la beauté, & rendoient ce rond une chose enchantée, duquel, aprés la Collation, leurs Majestez & toute la Cour, sortirent par le Portique opposé à la Barriére, & dans un grand nombre de Calesches fort ajustées, reprirent le chemin du Chasteau.

Fin de la premiére Journée.

SECONDE

SECONDE JOURNÉE DES PLAISIRS DE L'ISLE ENCHANTÉE.

LORS que la nuit du second jour fut venuë, Leurs Majestez se rendirent dans un autre rond environné de palissades comme le premier, & sur la même ligne, s'avançant toûjours vers le Lac, où l'on feignoit que le Palais d'Alcine estoit basti.

Le dessein de cette seconde Feste, estoit que Roger & les Chevaliers de sa Quadrille, aprés avoir fait des merveilles aux Courses, que par l'ordre de la belle Magicienne ils avoient faites en faveur de la Reine, continuoient en ce mesme dessein pour le divertissement suivant ; & que l'Isle flotante n'ayant point éloigné le rivage de la France, ils donnoient à Sa Majesté le plaisir d'une Comedie, dont la Scene estoit en Elide.

Le Roy fit donc couvrir de toilles, en si peu de temps qu'on avoit lieu de s'en étonner, tout ce rond d'une espece de dome, pour défendre contre le vent le grand nombre de Flambeaux & de Bougies qui devoient éclairer le Theatre, dont la décoration estoit fort agréable. Aussi-tost qu'on eût tiré la toille, un grand Concert de plusieurs instrumens se fit entendre ; & l'Aurore, representée par Mademoiselle Hilaire, ouvrit la Scene, & chanta ce Recit.

PREMIER INTERMEDE.

SCENE PREMIERE.

RECIT DE L'AURORE.

QUAND *l'Amour à vos yeux offre un choix agréable,*
Jeunes beautez, laissez-vous enflâmer:
Moquez-vous d'affecter cét orgueïl indomtable,
Dont on vous dit qu'il est beau de s'armer.
Dans l'âge où l'on est aimable,
Rien n'est si beau que d'aimer.

Soûpirez librement pour un amant fidelle;
Et bravez ceux qui voudroient vous blâmer.
Un cœur tendre est aimable; & le nom de cruelle
N'est pas un nom à se faire estimer.
Dans le temps où l'on est belle,
Rien n'est si beau que d'aimer.

SCENE DEUXIE'ME.

PENDANT que l'Aurore chantoit ce Recit, quatre Valets de Chiens estoient couchez sur l'herbe, dont l'un, sous la figure de Lyciscas, representé par le Sieur de Moliére, excellent Acteur, de l'invention duquel estoient les Vers & toute la piéce, se trouvoit au milieu de deux, & un autre à ses pieds; qui estoient les Sieurs Estival, Don, & Blondel, de la Musique du Roy, dont les voix estoient admirables.

Ceux-cy en se réveillant à l'arrivée de l'Aurore, si-tost qu'elle eût chanté, s'écriérent en Concert:

Hola? hola? debout, debout, debout:
Pour la Chasse ordonnée il faut préparer tout:
Hola? ho debout, viste debout.

I.

Jusqu'aux plus sombres lieux le jour se communique.

II.

L'air sur les fleurs en perles se résout.

III.

Les Rossignols commencent leur Musique,
Et leurs petits concerts retentissent par tout.

TOUS ENSEMBLE.

Sus, sus debout, viste debout.
Qu'est-cecy, Lyciscas? Quoy, tu ronfles encore, Parlant à Lyciscas, qui dormoit.
Toy qui promettois tant de devancer l'Aurore?
Allons debout, viste debout:
Pour la Chasse ordonnée il faut préparer tout:
Debout, viste debout, dépeschons, debout.

LYCISCAS en s'éveillant.

Par la morbleu, vous estes de grands braillars vous autres; & vous avez la gueule ouverte de bon matin.

MUSICIENS.

Ne vois-tu pas le jour qui se répand par tout?
Allons debout, Lyciscas, debout.

LYCISCAS.

Hé! laissez-moy dormir encore un peu, je vous conjure.

MUSICIENS.

Non, non, debout, Lyciscas, debout.

LYCISCAS.

Je ne vous demande plus qu'un petit quart-d'heure.

MUSICIENS.

Point, point, debout, viste debout.

LYCISCAS.

Hé! je vous prie.

MUSICIENS.

Debout.

LYCISCAS.

Un moment.

MUSICIENS.

Debout.

LYCISCAS.

De grace.

MUSICIENS.

Debout.

LYCISCAS.

Eh.

MUSICIENS.

Debout.

LYCISCAS.

Je....

MUSICIENS.

Debout.

LYCISCAS.

J'auray fait incontinent.

MUSICIENS.

Non, non, debout, Lyciscas, debout:
Pour la Chasse ordonnée il faut préparer tout:
Viste debout, dépeschons, debout.

LYCISCAS.

Et bien laissez-moy, je vais me lever. Vous estes d'estranges gens de me tourmenter comme cela. Vous serez cause que je ne me porteray pas bien de toute la journée: car, voyez-vous, le sommeil est necessaire à l'homme; & lors qu'on ne dort pas sa réfection, il arrive... que... on est....

I.

Lyciscas.

II.

Lyciscas.

III.

Lyciscas.

TOUS

TOUS ENSEMBLE.

Lyciscas.

LYCISCAS.

Diable soit des brailleurs. Je voudrois que vous eussiez la gueule pleine de bouïllie bien chaude.

MUSICIENS.

Debout, debout, viste debout, dépeschons, debout.

LYCISCAS.

Ah! qu'elle fatigue de ne pas dormir son saoul.

I.

Hola? oh.

II.

Hola? oh.

III.

Hola? oh.

TOUS ENSEMBLE.

Oh! oh! oh! oh! oh!

LYCISCAS.

Oh! oh! oh! oh! La peste soit des gens avec leurs chiens de hurlemens. Je me donne au Diable si je ne vous assomme. Mais voyez un peu quel diable d'entousiasme il leur prend, de me venir chanter aux oreilles comme cela. Je ......

MUSICIENS.

Debout.

LYCISCAS.

Encore.

MUSICIENS.

Debout.

LYCISCAS.

Le Diable vous emporte.

MUSICIENS.

Debout.

LYCISCAS en se levant.

Quoy, toûjours? A-t-on jamais veû une pareille furie de chan-

ter. Par le sang bleu j'enrage: puisque me voila éveillé, il faut que j'éveille les autres, & que je les tourmente comme on m'a fait. Allons ho? Meßieurs, debout, debout, viste, c'est trop dormir. Je vais faire un bruit de diable par tout: debout, debout, debout. Allons viste, ho, ho, ho? Debout, debout; pour la Chasse ordonnée, il faut préparer tout; debout, debout, Lyciscas, debout? ho! ho! ho! ho! ho!

Lyciscas s'étant levé avec toutes les peines du monde, & s'étant mis à crier de toute sa force, plusieurs Cors & Trompes de Chasse se firent entendre, & concertées avec les Violons, commencerent l'air d'une entrée, sur laquelle six Valets de Chiens danserent avec beaucoup de justesse & de disposition, reprenant à certaines cadences le son de leurs Cors & Trompes. C'étoient les Sieurs Paysan, Chicanneau, Noblet, Pesan, Bonard, & la Pierre.

NOMS DES ACTEURS de la Comedie.

LA PRINCESSE D'ELIDE.	Mademoiselle de Moliére.
AGLANTE, *Cousine de la Princesse.*	Mademoiselle du Parc.
CINTHIE, *Cousine de la Princesse.*	Mademoiselle de Brie.
PHILIS, *Suivante de la Princesse.*	Mademoiselle Béjar.
IPHITAS, *Pere de la Princesse.*	Le Sieur Hubert.
EURIALE, *ou le Prince d'Ithaque.*	Le Sieur de la Grange.
ARISTOMENE, *ou le Prince de Messene.*	Le Sieur du Croisy.
THEOCLE, *ou le Prince de Pyle.*	Le Sieur Béjart.
ARBATE, *Gouverneur du Prince d'Ithaque.*	Le Sieur de la Thorilliére.
MORON, *Plaisant de la Princesse.*	Le Sieur de Moliére.
Un Suivant.	Le Sieur Prevost.

ACTE PREMIER.

ARGUMENT.

CETTE Chasse, qui se préparoit ainsi, étoit celle d'un Prince d'Elide, lequel étant d'humeur galante & magnifique, & souhaitant que la Princesse sa fille se résolust à aimer & à penser au mariage, qui étoit fort contre son inclination, avoit fait venir en sa Cour les Princes d'Ithaque, de Messene & de Pyle, afin que dans l'exercice de la Chasse qu'elle aimoit fort, & dans d'autres jeux, comme des Courses de Chars, & semblables magnificences, quelqu'un de ces Princes pûst luy plaire, & devenir son époux.

SCENE PREMIERE.

EURIALE Prince d'Ithaque, amoureux de la Princesse d'Elide, & Arbate son Gouverneur, lequel indulgent à la passion du Prince, le loüa de son amour, au lieu de l'en blâmer, en des termes fort galants.

EURIALE. ARBATE.

ARBATE.

Ce silence réveur, dont la sombre habitude
Vous fait à tous momens chercher la solitude,
Ces longs soûpirs que laisse échapper vostre cœur,
Et ces fixes regards si chargez de langueur,
Disent beaucoup sans doute à des gens de mon âge;
Et je pense, Seigneur, entendre ce langage:
Mais sans vostre congé, de peur de trop risquer,
Je n'ose m'enhardir jusques à l'expliquer.

EURIALE.

Explique, explique Arbate, avec toute licence,
Ces soûpirs, ces regards, & ce morne silence:
Je te permets icy de dire que l'Amour
M'a rangé sous ses loix, & me brave à son tour;
Et je consens encore que tu me fasses honte
Des foiblesses d'un cœur qui souffre qu'on le dompte.

ARBATE.

Moy, vous blâmer, Seigneur, des tendres mouvemens,
Où je vois qu'aujourd'huy panchent vos sentimens!
Le chagrin des vieux jours ne peut aigrir mon ame
Contre les doux transports de l'amoureuse flame:
Et bien que mon sort touche à ses derniers Soleils,
Je diray que l'Amour sied bien à vos pareils;
Que ce tribut qu'on rend aux traits d'un beau visage
De la beauté d'une ame est un clair témoignage;

Et qu'il est mal-aisé que sans estre amoureux
Un jeune Prince soit & grand & généreux:
C'est une qualité que j'aime en un Monarque:
La tendresse de cœur est une grande marque;
Et je croy que d'un Prince on peut tout présumer,
Dés qu'on voit que son ame est capable d'aimer.
Oüy cette passion de toutes la plus belle
Traisne dans un esprit cent vertus aprés elle;
Aux nobles actions elle pousse les cœurs,
Et tous les grands Heros ont senti ses ardeurs.
Devant mes yeux, Seigneur, a passé vostre enfance,
Et j'ay de vos vertus veû fleurir l'esperance.
Mes regards observoient en vous des qualitez,
Où je reconnoissois le sang dont vous sortez.
J'y découvrois un fonds d'esprit & de lumiére;
Je vous trouvois bien fait, l'air grand, & l'ame fiére;
Vostre cœur, vostre adresse éclatoient chaque jour;
Mais je m'inquiétois de ne voir point d'amour:
Et puisque les langueurs d'une playe invincible
Nous montrent que vostre ame à ses traits est sensible,
Je triomphe, & mon cœur d'allegresse rempli
Vous regarde à present comme un Prince accompli.

EURIALE.

Si de l'amour un temps j'ay bravé la puissance,
Helas! mon cher Arbate, il en prend bien vengeance:
Et sçachant dans quels maux mon cœur s'est abîmé,
Toy-même, tu voudrois qu'il n'eust jamais aimé.
Car enfin voy le sort où mon Astre me guide:
J'aime, j'aime ardemment la Princesse d'Élide;
Et tu sçais quel orgueïl sous des traits si charmans
Arme contre l'Amour ses jeunes sentimens;
Et comment elle fuit dans cette illustre feste
Cette foule d'Amans qui briguent sa conqueste.
Ah! qu'il est bien peu vrai que ce qu'on doit aimer
Aussi-tost qu'on le voit prend droit de nous charmer;
Et qu'un premier coup d'œil allume en nous les flâmes
Où le Ciel en naissant a destiné nos ames.
A mon retour d'Argos je passay dans ces lieux,
Et ce passage offrit la Princesse à mes yeux.
Je vis tous les appas dont elle est revestuë;
Mais de l'œil dont on voit une belle Statuë.

Leur

Leur brillante jeunesse observée à loisir
Ne porta dans mon ame aucun secret desir ;
Et d'Ithaque en repos je revis le rivage,
Sans m'en estre en deux ans rappellé nulle image.
Un bruit vient cependant à répandre à ma Cour,
Le celebre mépris qu'elle fait de l'Amour.
On publie en tous lieux que son ame hautaine
Garde pour l'Hymenée une invincible haine,
Et qu'un arc à la main, sur l'épaule un carquois,
Comme une autre Diane elle hante les bois ;
N'aime rien que la Chasse, & de toute la Grece
Fait soûpirer en vain l'heroïque jeunesse.
Admire nos esprits, & la fatalité :
Ce que n'avoit point fait sa veuë & sa beauté,
Le bruit de ses fiertez en mon ame fit naistre
Un transport inconnu, dont je ne fus point maistre.
Ce dédain si fameux eût des charmes secrets
A me faire avec soin rappeller tous ses traits ;
Et mon esprit jettant de nouveaux yeux sur elle,
M'en refit une image & si noble & si belle,
Me peignit tant de gloire, & de telles douceurs
A pouvoir triompher de toutes ses froideurs,
Que mon cœur aux brillans d'une telle victoire,
Vit de sa liberté s'évanouïr la gloire.
Contre une telle amorce il eût beau s'indigner ;
Sa douceur sur mes sens prit tel droit de regner,
Qu'entraisné par l'effort d'une occulte puissance,
J'ay d'Ithaque en ces lieux fait voile en diligence ;
Et je couvre un effet de mes vœux enflamez
Du desir de paroistre à ces jeux renommez,
Où l'Illustre Iphitas, pere de la Princesse,
Assemble la pluspart des Princes de la Grece.

ARBATE.

Mais à quoy bon, Seigneur, les soins que vous prenez ?
Et pourquoy ce secret où vous vous obstinez ?
Vous aimez, dites-vous, cette illustre Princesse,
Et venez à ses yeux signaler vostre adresse,
Et nuls empressemens, paroles, ny soûpirs
Ne l'ont instruite encore de vos brûlans desirs.
Pour moy je n'entens rien à cette politique,
Qui ne veut point souffrir que vostre cœur s'explique ;

Et je ne sçay quel fruit peut prétendre un amour,
Qui fuit tous les moyens de se produire au jour.

EURIALE.

Et que feray-je, Arbate, en déclarant ma peine,
Qu'attirer les dédains de cette ame hautaine,
Et me jetter au rang de ces Princes soûmis,
Que le titre d'amans luy peint en ennemis?
Tu vois les Souverains de Messene & de Pyle
Luy faire de leurs cœurs un hommage inutile,
Et de l'éclat pompeux des plus hautes vertus,
En appuyer en vain les respects assidus.
Ce rebut de leurs soins, sous un triste silence,
Retient de mon amour toute la violence;
Je me tiens condamné dans ces Rivaux fameux,
Et je lis mon arrest au mépris qu'on fait d'eux.

ARBATE.

Et c'est dans ce mépris, & dans cette humeur fiére,
Que vostre ame à ses vœux doit voir plus de lumiére,
Puisque le sort vous donne à conquerir un cœur,
Que deffend seulement une jeune froideur,
Et qui n'impose point à l'ardeur qui vous presse
De quelque attachement l'invincible tendresse.
Un cœur préoccupé résiste puissamment:
Mais quand une ame est libre, on la force aisément;
Et toute la fierté de son indifference
N'a rien dont ne triomphe un peu de patience.
Ne luy cachez donc plus le pouvoir de ses yeux;
Faites de vostre flâme un éclat glorieux;
Et bien loin de trembler de l'exemple des autres,
Du rebut de leurs vœux enflez l'espoir des vostres.
Peut-estre, pour toucher ces severes appas,
Aurez-vous des secrets que ces Princes n'ont pas;
Et si de ses fiertez l'imperieux caprice
Ne vous fait éprouver un destin plus propice,
Au moins est-ce un bonheur en ces extrémitez
Que de voir avec soy ses rivaux rebutez.

EURIALE.

J'ayme à te voir presser cét aveu de ma flâme.
Combattant mes raisons, tu chatoüilles mon ame;

Et par ce que j'ay dit, je voulois présentir,
Si de ce que j'ay fait tu pourrois m'applaudir.
Car, enfin, puis qu'il faut t'en faire confidence,
On doit à la Princesse expliquer mon silence;
Et peut-estre au moment que je t'en parle icy,
Le secret de mon cœur, Arbate, est éclaircy.
Cette Chasse où, pour fuïr la foule qui l'adore,
Tu sçais qu'elle est allée au lever de l'Aurore,
Est le temps dont Moron, pour déclarer mon feu,
A pris....

ARBATE.

Moron, Seigneur?

EURIALE.

Ce choix t'étonne un peu.
Par son titre de fou tu crois le bien connoistre:
Mais sçache qu'il l'est moins qu'il ne le veut paroistre,
Et que malgré l'employ qu'il exerce aujourd'huy,
Il a plus de bon sens que tel qui rit de luy.
La Princesse se plaist à ses bouffonneries;
Il s'en est fait aimer par cent plaisanteries,
Et peut dans cét accés dire & persuader
Ce que d'autres que luy n'oseroient hazarder.
Je le voy propre enfin à ce que j'en souhaite.
Il a pour moy, dit-il, une amitié parfaite;
Et veut, dans mes Estats ayant receû le jour,
Contre tous mes Rivaux appuyer mon amour.
Quelque argent mis en main pour soûtenir ce zele....

SCENE DEUXIE'ME.

MORON, representé par le Sieur de Moliére, arrive; & ayant le souvenir d'un furieux Sanglier, devant lequel il avoit fui à la Chasse, demande secours; & rencontrant Euriale & Arbate, se met au milieu d'eux pour plus de seûreté, aprés leur avoir témoigné sa peur, & leur disant cent choses plaisantes sur son peu de bravoure.

MORON. ARBATE. EURIALE.

MORON sans estre veû.

AU *secours! sauvez-moy de la beste cruelle!*

EURIALE.

Je pense oüir sa voix?

MORON sans estre veû.

A moy de grace, à moy.

EURIALE.

C'est luy-mesme ; où court-il avec un tel effroy?

MORON.

Où pourray-je éviter ce Sanglier redoutable?
Grands Dieux, préservez-moy de sa dent effroyable :
Je vous promets, pourveû qu'il ne m'attrape pas,
Quatre livres d'encens, & deux veaux des plus gras.
Ha! je suis mort.

EURIALE.

Qu'as-tu?

MORON.

Je vous croyois la beste,
Dont à me diffamer j'ay veû la gueule preste,
Seigneur ; & je ne puis revenir de ma peur.

EURIALE.

Qu'est-ce?

MORON.

O! que la Princesse est d'une étrange humeur,
Et qu'à suivre la Chasse & ses extravagances,
Il nous faut essuyer de sotes complaisances!
Quel diable de plaisir trouvent tous les Chasseurs,
De se voir exposez à mille & mille peurs ;
Encore si c'estoit qu'on ne fust qu'à la Chasse
Des Liévres, des Lapins, & des jeunes Daims, passe ;
Ce sont des animaux d'un naturel fort doux,
Et qui prennent toûjours la fuite devant nous :
Mais aller attaquer de ces bestes vilaines,
Qui n'ont aucun respect pour les faces humaines,
Et qui courent les gens qui les veulent courir,
C'est un sot passe-temps, que je ne puis souffrir.

EURIALE.

Dy-nous donc ce que c'est ?

MORON, en se tournant.

Le penible exercice,
Où de nostre Princesse a volé le caprice !....
J'en aurois bien juré qu'elle auroit fait le tour ;
Et la course des Chars se faisant en ce jour,
Il falloit affecter ce contre-temps de Chasse,
Pour mépriser ces jeux avec meilleure grace,
Et faire voir... Mais chut, achevons mon recit,
Et reprenons le fil de ce que j'avois dit.
Qu'ay-je dit ?

EURIALE.

Tu parlois d'exercice penible.

MORON.

Ah ! oüy. Succombant donc à ce travail horrible ;
Car en Chasseur fameux j'estois enharnaché,
Et dés le point du jour je m'estois découché ;
Je me suis écarté de tous en galant homme,
Et trouvant un lieu propre à dormir d'un bon somme,
J'essayois ma posture, & m'ajustant bien-tost,
Prenois déja mon ton pour ronfler comme il faut,
Lors qu'un murmure affreux m'a fait lever la veüe,
Et j'ay d'un vieux buisson de la forest touffuë
Veû sortir un Sanglier d'une énorme grandeur,
Pour...

EURIALE.

Qu'est-ce ?

MORON.

Ce n'est rien ; n'ayez point de frayeur :
Mais laissez-moy passer entre vous deux pour cause,
Je seray mieux en main pour vous conter la chose.
J'ay donc veû ce Sanglier, qui par nos gens chassé
Avoit d'un air affreux tout son poil herissé :
Ses deux yeux flamboyans ne lançoient que menace,
Et sa gueule faisoit une laide grimace,
Qui parmy de l'écume, à qui l'osoit presser,
Montroit de certains crocs... je vous laisse à penser.

A ce terrible aspect j'ay ramassé mes armes ;
Mais le faux animal, sans en prendre d'allarmes,
Est venu droit à moy, qui ne luy disois mot.

ARBATE.

Et tu l'as de pied ferme attendu ?

MORON.

Quelque sot ;
J'ay jetté tout par terre, & couru comme quatre.

ARBATE.

Fuïr devant un Sanglier, ayant dequoy l'abbatre,
Ce trait, Moron, n'est pas généreux...

MORON.

J'y consens :
Il n'est pas généreux, mais il est de bon sens.

ARBATE.

Mais par quelques exploits, si l'on ne s'éternise......

MORON.

Je suis vostre valet : & j'ayme mieux qu'on dise,
C'est icy qu'en fuïant, sans se faire prier,
Moron sauva ses jours des fureurs d'un Sanglier ;
Que si l'on y disoit, Voilà l'illustre place,
Où le brave Moron, d'une héroïque audace,
Affrontant d'un Sanglier l'impetueux effort,
Par un coup de ses dents vit terminer son sort.

EURIALE.

Fort bien....

MORON.

Oüy, j'ayme mieux, n'en déplaise à la gloire,
Vivre au monde deux jours, que mille ans dans l'histoire.

EURIALE.

En effet, ton trépas fâcheroit tes amis.
Mais si de ta frayeur ton esprit est remis,
Puis-je te demander si du feu qui me brûle.....

MORON.

Il ne faut point, Seigneur, que je vous dissimule,
Je n'ay rien fait encor, & n'ay point rencontré
De temps pour luy parler qui fût selon mon gré.
L'office de bouffon a des prérogatives;
Mais souvent on rabat nos libres tentatives.
Le discours de vos feux est un peu délicat,
Et c'est chez la Princesse une affaire d'état.
Vous sçavez de quel titre elle se glorifie,
Et qu'elle a dans la teste une Philosophie
Qui déclare la guerre au conjugal lien,
Et vous traitte l'Amour de Déité de rien:
Pour n'effaroucher point son humeur de tigresse,
Il me faut manier la chose avec adresse;
Car on doit regarder comme l'on parle aux grans,
Et vous estes par fois d'assez fâcheuses gens.
Laissez-moy doucement conduire cette trame;
Je me sens là pour vous un zele tout de flâme.
Vous estes né mon Prince, & quelques autres nœuds
Pourroient contribüer au bien que je vous veux.
Ma mere dans son temps passoit pour assez belle,
Et naturellement n'estoit pas fort cruelle.
Feu vostre Pere alors, ce Prince génereux,
Sur la galanterie estoit fort dangereux;
Et je sçay qu'Elpenor, qu'on appelloit mon Pere,
A cause qu'il estoit le mary de ma Mere,
Contoit pour grand honneur aux Pasteurs d'aujourd'huy,
Que le Prince autrefois estoit venu chez luy,
Et que durant ce temps il avoit l'avantage
De se voir salüé de tous ceux du village.
Baste, quoy qu'il en soit je veux par mes travaux....
Mais voicy la Princesse, & deux de vos Rivaux.

SCENE TROISIEME.

LA Princesse d'Elide parut en suite, avec les Princes de Messene & de Pyle, lesquels firent remarquer en eux des caracteres bien differens de celuy du Prince d'Ithaque, & luy cederent dans le cœur de la Princesse tous les avantages qu'il y pouvoit desirer. Cette aimable Princesse ne témoigna pas pourtant que le merite de ce Prince eust fait aucune impression sur son esprit, & qu'elle l'eust quasi remarqué. Elle témoigna toûjours, comme une autre Diane, n'aimer que la Chasse & les Forests ; & lors que le Prince de Messene voulut luy faire valoir le service qu'il luy avoit rendu, en la défaisant d'un fort grand Sanglier qui l'avoit attaquée, elle luy dit, que sans rien diminüer de sa reconnoissance, elle trouvoit son secours d'autant moins considerable, qu'elle en avoit tué toute seule d'aussi furieux, & fût peut-estre bien encore venüe à bout de celuy-cy.

LA PRINCESSE & sa suite. ARISTOMENE. THEOCLE. EURIALE. ARBATE. MORON.

ARISTOMENE.

REPROCHEZ-*vous, Madame, à nos justes allarmes*
Ce peril dont tout deux avons sauvé vos charmes?
J'aurois pensé pour moy, qu'abbatre sous nos coups
Ce Sanglier qui portoit sa fureur jusqu'à vous,
Estoit une avanture, ignorant vostre Chasse,
Dont à nos bons destins nous deußions rendre grace:
Mais à cette froideur je connois clairement,
Que je dois concevoir un autre sentiment,
Et quereller du sort la fatale puissance,
Qui me fait avoir part à ce qui vous offense.

THEOCLE.

Pour moy je tiens, Madame, à sensible bonheur
L'action où pour vous a volé tout mon cœur,
Et ne puis consentir, malgré vostre murmure,
A quereller le sort d'une telle avanture.

D'un

D'un objet odieux je sçay que tout déplaist ;
Mais deût vostre couroux estre plus grand qu'il n'est,
C'est extrême plaisir, quand l'amour est extrême,
De pouvoir d'un peril affranchir ce qu'on aime.

LA PRINCESSE.

Et pensez-vous, Seigneur, puis qu'il me faut parler,
Qu'il eût en ce peril dequoy tant m'ébranler?
Que l'arc, & que le dard, pour moy si pleins de charmes,
Ne soient entre mes mains que d'inutiles armes?
Et que je fasse enfin mes plus frequens emplois
De parcourir nos monts, nos plaines, & nos bois,
Pour n'oser en chassant concevoir l'esperance,
De suffire moy seule à ma propre défense?
Certes, avec le temps j'aurois bien profité,
De ces soins assidus dont je fais vanité,
S'il falloit que mon bras, dans une telle queste,
Ne pûst pas triompher d'une chetive beste.
Du moins, si pour prétendre à de sensibles coups,
Le commun de mon sexe est trop mal avec vous,
D'un étage plus haut accordez-moy la gloire,
Et me faites tous deux cette grace de croire,
Seigneurs, que quel que fût le Sanglier d'aujourd'huy,
J'en ay mis bas, sans vous, de plus méchans que luy.

THEOCLE.

Mais, Madame....

LA PRINCESSE.

Et bien soit; je voy que vostre envie,
Est de persuader que je vous dois la vie.
J'y consens. Oüy, sans vous c'estoit fait de mes jours:
Je rends de tout mon cœur grace à ce grand secours;
Et je vais de ce pas au Prince, pour luy dire
Les bontez que pour moy vostre amour vous inspire.

SCENE QUATRIEME.

EURIALE. MORON. ARBATE.

MORON.

Heu! a-t-on jamais veû de plus farouche esprit?
De ce vilain Sanglier l'heureux trépas l'aigrit:
O comme volontiers j'aurois d'un beau salaire
Récompensé tantost qui m'en eût sceû défaire!

ARBATE.

Je vous voy tout pensif, Seigneur, de ses dédains;
Mais ils n'ont rien qui doive empescher vos desseins:
Son heure doit venir, & c'est à vous possible,
Qu'est réservé l'honneur de la rendre sensible.

MORON.

Il faut qu'avant la course elle apprenne vos feux;
Et je....

EURIALE.

Non, ce n'est plus, Moron, ce que je veux.
Garde-toy de rien dire, & me laisse un peu faire;
J'ay resolu de prendre un chemin tout contraire.
Je voy trop que son cœur s'obstine à dédaigner
Tous ces profonds respects qui pensent la gagner;
Et le Dieu qui m'engage à soûpirer pour elle,
M'inspire pour la vaincre une adresse nouvelle.
Oüy, c'est luy d'où me vient ce soudain mouvement,
Et j'en attens de luy l'heureux évenement.

ARBATE.

Peut-on sçavoir, Seigneur, par où vostre esperance?

EURIALE.

Tu le vas voir: allons, & garde le silence.

Fin du premier Acte.

DEUXIÉME INTERMEDE.

ARGUMENT.

L'AGREABLE Moron laissa aller le Prince, pour parler de sa passion naissante aux bois & aux rochers; & faisant retentir par tout le beau nom de sa Bergere Philis, un Echo ridicule luy répondant bizarement, il y prit si grand plaisir, que riant en cent maniéres, il fit répondre autant de fois cét Echo, sans témoigner d'en estre ennuyé. Mais un Ours vint interrompre ce beau divertissement, & le surprit si fort par cette veûë peu attenduë, qu'il donna des sensibles marques de sa peur. Il luy fit faire devant l'Ours toutes les soûmissions dont il se pût aviser, pour l'adoucir. Enfin, se jettant à un arbre pour y monter; comme il vit que l'Ours y vouloit grimper aussi bien que luy, il cria au secours d'une voix si haute, qu'elle attira huit Païsans armez de bastons à deux bouts & d'épieux, pendant qu'un autre Ours parut en suite du premier. Il se fit un Combat, qui finit par la mort d'un des Ours, & par la fuite de l'autre.

SCENE PREMIERE.

MORON.

JUSQU'AU *revoir. Pour moy je reste icy, & j'ay une petite conversation à faire avec ces arbres & ces rochers.*

Bois, prez, fontaines, fleurs, qui voyez mon teint blesme,
Si vous ne le sçavez, je vous apprens que j'aime.
Philis est l'objet charmant,
Qui tient mon cœur à l'attache,
Et je devins son amant,
La voyant traire une Vache.
Ses doigts tout pleins de lait, & plus blancs mille fois,
Pressoient les bouts du pis d'une grace admirable.
Ouf! cette idée est capable
De me réduire aux abois.

Ah ! Philis, Philis, Philis.
Ah ! hem. ah ah ah ! hi hi hi. oh oh oh oh.
Voilà un echo qui est bouffon. Hom hom hom. ha ha ha ha ha.
uh uh uh. Voilà un echo qui est bouffon.

SCENE DEUXIEME.

UN OURS. MORON.

MORON.

*AH ! Monsieur l'Ours, je suis vostre serviteur de tout mon cœur. De grace, épargnez-moy. Je vous asseûre que je ne vaux rien du tout à manger. Je n'ay que la peau & les os ; & je voy de certaines gens là-bas qui seroient bien mieux vostre affaire. Eh ! Eh ! Eh ! Monseigneur, tout doux s'il vous plaist. La la la la. ah ! Monseigneur, que vostre Altesse est jolie & bien faite : elle a tout-à-fait l'air galant, & la taille la plus mignonne du monde. Ah beau poil ! belle teste ! beaux yeux brillans & *bien fendus ! ah beau petit nez ! belle petite bouche ! petites quenotes jolies ! ah belle gorge ! belles petites menottes ! petits ongles bien faits ! A l'aide, au secours, je suis mort, misericorde ; pauvre Moron, ah mon Dieu ! & viste, à moy, à moy, je suis perdu. Eh, Messieurs, ayez pitié de moy. Bon, Messieurs, tuez-moy ce vilain animal-là. O Ciel ! daigne les assister. Bon le voilà qui fuit ; le voilà qui s'arreste, & qui se jette sur eux. Bon, en voilà un qui vient de luy donner un coup dans la gueule. Les voilà tous à l'entour de luy. Courage, ferme, allons, mes amis. Bon, poussez fort ; encore, ah ! le voilà qui est à terre ; c'en est fait, il est mort : descendons maintenant, pour luy donner cent coups. Serviteur, Messieurs ; je vous rends grace de m'avoir delivré de cette beste : maintenant que vous l'avez tuée, je m'en vais l'achever, & en triompher avec vous.*

Les Chasseurs paroissent.

Ces heureux Chasseurs n'eûrent pas plûtost remporté cette victoire, que Moron, devenu brave par l'éloignement du peril, voulut aller donner mille coups à la beste, qui n'estoit plus en estat de se défendre, & fit tout ce qu'un fanfaron, qui n'auroit pas esté trop hardy, eust pû faire en cette occasion ; & les Chasseurs, pour témoigner leur joie, danserent une fort belle Entrée. C'estoient les Sieurs Chicanneau, Baltazard, Noblet, Bonard, Manceau, Magny, & la Pierre.

ACTE

ACTE DEUXIE'ME.

ARGUMENT.

LE Prince d'Ithaque & la Princesse eûrent une conversation fort galante sur la Course des Chars qui se préparoit. Elle avoit dit auparavant à une des Princesses ses Parentes, que l'insensibilité du Prince d'Ithaque luy donnoit de la peine, & luy estoit honteuse ; qu'encore qu'elle ne voulust rien aimer, il estoit bien fâcheux de voir qu'il n'aimoit rien ; & que quoy-qu'elle eust résolu de n'aller point voir les Courses, elle s'y vouloit rendre, dans le dessein de tâcher à triompher de la liberté d'un homme qui la cherissoit si fort. Il estoit facile de juger que le merite de ce Prince produisoit son effet ordinaire ; que ses belles qualitez avoient touché ce cœur superbe, & commencé à fondre une partie de cette glace qui avoit résisté jusques alors à toutes les ardeurs de l'Amour : & plus il affectoit (par le conseil de Moron qu'il avoit gagné, & qui connoissoit fort le cœur de la Princesse) de paroistre insensible, quoy-qu'il ne fût que trop amoureux, plus la Princesse se mettoit dans la teste de l'engager, quoy-qu'elle n'eust pas fait dessein de s'engager elle-mesme. Les Princes de Messene & de Pyle prirent lors congé d'elle, pour s'aller préparer aux Courses, & luy parlant de l'esperance qu'ils avoient de vaincre, par le desir qu'ils sentoient de luy plaire : celuy d'Ithaque luy témoigna au contraire, que n'ayant jamais rien aimé, il alloit essayer à vaincre pour sa propre satisfaction ; ce qui la picqua encore davantage, & qui l'engagea à vouloir soûmettre un cœur déja assez soûmis, mais qui sçavoit déguiser ses sentimens le mieux du monde.

SCENE PREMIERE.

LA PRINCESSE. AGLANTE. CINTHIE.

LA PRINCESSE.

OUY, j'aime à demeurer dans ces paisibles lieux :
On n'y découvre rien qui n'enchante les yeux ;
Et de tous nos Palais la sçavante structure
Cede aux simples beautez qu'y forme la nature.

Ces Arbres, ces Rochers, cette Eau, ces Gazons frais
Ont pour moy des appas à ne lasser jamais.

AGLANTE.

Je cheris comme vous ces retraites tranquilles,
Où l'on se vient sauver de l'embaras des Villes:
De mille objets charmans ces lieux sont embellis;
Et ce qui doit surprendre, est qu'aux portes d'Elis,
La douce passion de fuïr la multitude
Rencontre une si belle & vaste solitude.
Mais, à vous dire vrai, dans ces jours éclatans,
Vos retraites icy me semblent hors de temps;
Et c'est fort maltraiter l'appareil magnifique,
Que chaque Prince a fait pour la feste publique.
Ce spectacle pompeux de la course des Chars
Devroit bien meriter l'honneur de vos regards.

LA PRINCESSE.

Quel droit ont-ils chacun d'y vouloir ma presence,
Et que dois-je aprés tout à leur magnificence?
Ce sont soins que produit l'ardeur de m'aquerir,
Et mon cœur est le prix qu'ils veulent tous courir:
Mais quelque espoir qui flate un projet de la sorte,
Je me tromperay fort, si pas un d'eux l'emporte.

CINTHIE.

Jusques-à-quand ce cœur veut-il s'effaroucher
Des innocens desseins qu'on a de le toucher,
Et regarder les soins que pour vous on se donne,
Comme autant d'attentats contre vostre personne?
Je sçay qu'en défendant le party de l'Amour,
On s'expose chez vous à faire mal sa cour:
Mais ce que par le sang j'ay l'honneur de vous estre,
S'oppose aux duretez que vous faites paroistre,
Et je ne puis nourrir d'un flateur entretien
Vos résolutions de n'aimer jamais rien.
Est-il rien de plus beau que l'innocente flâme,
Qu'un merite éclatant allume dans une ame?
Et seroit-ce un bonheur de respirer le jour,
Si d'entre les mortels on bannissoit l'Amour?
Non, non, tous les plaisirs se goûtent à le suivre;
Et vivre sans aimer, n'est pas proprement vivre.

AVIS.

LE dessein de l'Autheur estoit de traiter ainsi toute la Comedie : mais un commandement du Roy qui pressa cette affaire, l'obligea d'achever tout le reste en prose, & de passer legerement sur plusieurs Scenes, qu'il auroit étenduës davantage, s'il avoit eû plus de loisir.

AGLANTE.

Pour moy, je tiens que cette passion est la plus agréable affaire de la vie ; qu'il est necessaire d'aimer, pour vivre heureusement ; & que tous les plaisirs sont fades, s'il ne s'y mesle un peu d'amour.

LA PRINCESSE.

Pouvez-vous bien toutes deux, estant ce que vous estes, prononcer ces paroles ? Et ne devez-vous pas rougir d'appuyer une passion qui n'est qu'erreur, que foiblesse, & qu'emportement, & dont tous les desordres ont tant de répugnance avec la gloire de nostre sexe ? J'en prétens soûtenir l'honneur jusqu'au dernier moment de ma vie, & ne veux point du tout me commettre à ces gens qui font les esclaves auprés de nous, pour devenir un jour nos tyrans. Toutes ces larmes, tous ces soûpirs, tous ces hommages, tous ces respects sont des embusches qu'on tend à nostre cœur, & qui souvent l'engagent à commettre des lâchetez. Pour moy, quand je regarde certains exemples, & les bassesses épouvantables où cette passion ravale les personnes sur qui elle étend sa puissance ; je sens tout mon cœur qui s'émeut ; & je ne puis souffrir qu'une ame qui fait profession d'un peu de fierté, ne trouve pas une honte horrible à de telles foiblesses.

CINTHIE.

Eh ! Madame, il est de certaines foiblesses qui ne sont point honteuses, & qu'il est beau mesme d'avoir dans les plus hauts degrez de gloire. J'espere que vous changerez un jour de pensée ; & s'il plaist au Ciel, nous verrons vostre cœur avant qu'il soit peu....

LA PRINCESSE.

Arrestez, n'achevez pas ce souhait étrange : j'ay une horreur trop invincible pour ces sortes d'abbaissemens ; & si jamais j'estois capable d'y descendre, je serois personne sans doute à ne me le point pardonner.

AGLANTE.

Prenez garde, Madame: l'Amour sçait se venger des mépris que l'on fait de luy, & peut-estre....

LA PRINCESSE.

Non, non, je brave tous ses traits; & le grand pouvoir qu'on luy donne, n'est rien qu'une chimere, qu'une excuse des foibles cœurs, qui le font invincible, pour authoriser leur foiblesse.

CINTHIE.

Mais enfin toute la terre reconnoist sa puissance; & vous voyez que les Dieux mesmes sont assujettis à son empire. On nous fait voir que Jupiter n'a pas aimé pour une fois; & que Diane mesme, dont vous affectez tant l'exemple, n'a pas rougi de pousser des soûpirs d'amour.

LA PRINCESSE.

Les croyances publiques sont toûjours meslées d'erreur. Les Dieux ne sont point faits comme se les fait le vulgaire; & c'est leur manquer de respect, que de leur attribuer les foiblesses des hommes.

SCENE DEUXIE'ME.

MORON. LA PRINCESSE. AGLANTE. CINTHIE. PHILIS.

AGLANTE.

VIEN, *approche Moron; vien nous aider à défendre l'Amour contre les sentimens de la Princesse.*

LA PRINCESSE.

Voilà vostre party fortifié d'un grand défenseur.

MORON.

Ma foy, Madame, je croy qu'aprés mon exemple il n'y a plus rien à dire, & qu'il ne faut plus mettre en doute le pouvoir de de l'Amour. J'ay bravé ses armes assez long-temps, & fait de mon drôle comme un autre; mais enfin ma fierté a baissé l'oreille, & vous avez une traîtresse qui m'a rendu plus doux qu'un Agneau. Aprés cela, on ne doit plus faire aucun scrupule d'aimer; & puisque j'ay bien passé par là, il peut bien y en passer d'autres.

CINTHIE.

Quoy! Moron se mesle d'aimer?

MORON.

Fort bien.

CINTHIE.

Et de vouloir estre aimé?

MORON.

Et pourquoy non? Est-ce qu'on n'est pas assez bien fait pour cela? Je pense que ce visage est assez passable; & que pour le bel air, Dieu mercy, nous ne le cedons à personne.

CINTHIE.

Sans doute; on auroit tort.....

SCENE TROISIÉME.

LYCAS. LA PRINCESSE. AGLANTE. CINTHIE. PHILIS. MORON.

LYCAS.

MADAME, *le Prince vostre Pere vient vous trouver icy, & conduit avec luy les Princes de Pyle, & d'Ithaque, & celuy de Messene.*

LA PRINCESSE.

O Ciel! que prétend-il faire en me les amenant? Auroit-il résolu ma perte, & voudroit-il bien me forcer au choix de quelqu'un d'eux?

SCENE QUATRIÉME.

LE PRINCE. EURIALE. ARISTOMENE. THEOCLE. LA PRINCESSE. AGLANTE. CINTHIE. PHILIS. MORON.

LA PRINCESSE.

SEIGNEUR, *je vous demande la licence de prévenir par deux paroles la déclaration des pensées que vous pouvez avoir. Il y a deux veritez, Seigneur, aussi constantes l'une que l'autre, & dont je puis vous asseûrer également. L'une, que vous avez un absolu pouvoir sur moy, & que vous ne sçauriez m'ordonner rien où je ne réponde aussitost par une obeïssance aveugle. L'autre, que je regarde l'Hymenée ainsi que le trépas, & qu'il m'est impossible de forcer cette aversion naturelle. Me donner un mary, & me donner la mort, c'est une mesme chose: mais vostre volonté va la premiére, & mon obeïssance m'est bien plus chere que ma vie. Aprés cela parlez, Seigneur; prononcez librement ce que vous voulez.*

LE PRINCE.

Ma Fille, tu as tort de prendre de telles allarmes, & je me plains de toy qui peux mettre dans ta pensée que je sois assez mauvais Pere, pour vouloir faire violence à tes sentimens, & me servir tiranniquement de la puissance que le Ciel me donne sur toy. Je souhaite à la verité que ton cœur puisse aimer quelqu'un. Tous mes vœux seroient satisfaits, si cela pouvoit arriver; & je n'ay proposé les Festes & les Jeux que je fais celebrer icy, qu'afin d'y pouvoir attirer tout ce que la Grece a d'illustre, & que parmi cette noble jeunesse, tu puisses enfin rencontrer où arrester tes yeux, & déterminer tes pensées. Je ne demande, dis-je, au Ciel autre bonheur, que celuy de te voir un époux. J'ay, pour obtenir cette grace, fait encore ce matin un sacrifice à Venus; & si je sçais bien expliquer le langage des Dieux, elle m'a promis un miracle. Mais, quoy-qu'il en soit, je veux en user avec toy en Pere, qui cherit sa Fille. Si tu trouves où attacher tes vœux; ton choix sera le mien, & je ne considereray ny interests d'Estat, ny avantages d'alliance. Si ton cœur demeure sensible; je n'entreprendray point de le forcer. Mais au moins sois complaisante aux civilitez qu'on te rend, & ne m'oblige point à faire les excuses de ta froideur. Traite ces Princes avec l'estime que tu leur dois; reçois avec reconnoissance les témoignages de leur zele; & viens voir cette Course où leur adresse va paroistre.

THEOCLE.

Tout le monde va faire des efforts pour remporter le prix de cette Course: mais, à vous dire vrai, j'ay peu d'ardeur pour la victoire, puisque ce n'est pas vostre cœur qu'on y doit disputer.

ARISTOMENE.

Pour moy, Madame, vous estes le seul prix que je me prose par tout. C'est vous que je croy disputer dans ces combats d'adresse; & je n'aspire maintenant à remporter l'honneur de cette Course, que pour obtenir un degré de gloire qui m'approche de vostre cœur.

EURIALE.

Pour moy, Madame, je n'y vais point du tout avec cette pensée. Comme j'ay fait toute ma vie profession de ne rien aimer, tous les soins que je prens ne vont point où tendent les autres. Je n'ay aucune prétention sur vostre cœur; & le seul honneur de la Course est tout l'avantage où j'aspire. Ils la quittent.

LA PRINCESSE.

D'où sort cette fierté, où l'on ne s'attendoit point? Princesses, que dites-vous de ce jeune Prince? Avez-vous remarqué de quel ton il l'a pris?

AGLANTE.

Il est vrai que cela est un peu fier.

MORON.

Ah! quelle brave botte il vient là de luy porter!

LA PRINCESSE.

Ne trouvez-vous pas qu'il y auroit plaisir d'abbaisser son orgueïl, & de soûmettre un peu ce cœur qui tranche tant du brave?

CINTHIE.

Comme vous estes accoustumée à ne jamais recevoir que des

hommages & des adorations de tout le monde, un compliment pareil au sien doit vous surprendre à la verité.

LA PRINCESSE.

Je vous avouë que cela m'a donné de l'émotion, & que je souhaiterois fort de trouver les moyens de chastier cette hauteur. Je n'avois pas beaucoup d'envie de me trouver à cette Course; mais j'y veux aller exprés, & employer toute chose pour luy donner de l'amour.

CINTHIE.

Prenez garde, Madame; l'entreprise est perilleuse: & lors qu'on veut donner de l'amour, on court risque d'en recevoir.

LA PRINCESSE.

Ah! n'apprehendez rien, je vous prie; allons, je vous répons de moy.

Fin du deuxiéme Acte.

TROISIE'ME INTERMEDE.

SCENE PREMIE'RE.

MORON. PHILIS.

MORON.

PHILIS, *demeure icy.*

PHILIS.

Non; laisse-moy suivre les autres.

MORON.

Ah, cruelle! si c'estoit Tircis qui t'en priast, tu demeurerois bien viste.

PHILIS.

Cela se pourroit faire; & je demeure d'accord que je trouve bien mieux mon conte avec l'un qu'avec l'autre: car il me divertit avec sa voix; & toy, tu m'étourdis de ton caquet. Lors que tu chanteras aussi-bien que luy, je te promets de t'écouter.

MORON.

Eh! demeure un peu.

PHILIS.

Je ne sçaurois.

MORON.

De grace.

PHILIS.

Point, te dis-je.

MORON.

Je ne te laisseray point aller.

PHILIS.

Ah! que de façons.

MORON.

Je ne te demande qu'un moment à estre avec toy.

PHILIS.

Et bien, oüy; j'y demeureray, pourveû que tu me promette une chose.

MORON.

Et quelle?

PHILIS.

De ne point parler du tout.

MORON.

Eh! Philis.

PHILIS.

A moins que de cela, je ne demeureray point avec toy.

MORON.

Veux-tu me .....

PHILIS.

Laisse-moy aller.

MORON.

Et bien, oüy; demeure, je ne diray mot.

PHILIS.

Prens-y bien garde au moins; car à la moindre parole, je prends la fuite.

MORON.

Il fait une Scene de gestes.

Soit. Ah! Philis .... Eh .... Elle s'enfuit, & je ne sçaurois l'attraper. Voilà ce que c'est. Si je sçavois chanter, j'en ferois bien mieux mes affaires. La pluspart des Femmes aujourd'huy se laissent prendre par les oreilles. Elles sont cause que tout le monde se mesle de Musique; & l'on ne réüßit auprés d'elles, que par les petites chansons, & les petits vers qu'on leur fait entendre. Il faut que j'apprenne à chanter, pour faire comme les autres. Bon, voicy justement mon homme.

SCENE DEUXIEME.

SATYRE. MORON.

SATYRE.

LA, *la, la.*

MORON.

Ah! Satyre mon ami, tu sçais bien ce que tu m'as promis il y a long-temps; apprens-moy à chanter, je te prie.

SATYRE.

Je le veux; mais auparavant écoute une chanson que je viens de faire.

MORON.

Il est si accoûtumé à chanter, qu'il ne sçauroit parler d'autre façon. Allons, chante; j'écoute.

SATYRE.

Je portois....

MORON.

Une chanson, dis-tu?

SATYRE.

Je port....

MORON.

Une chanson à chanter?

SATYRE.

Je port.....

MORON.

Chanson amoureuse, peste.

SATYRE.

JE *portois dans une cage*
Deux moineaux que j'avois pris,
Lors que la jeune Cloris
Fit dans un sombre bocage
Briller, à mes yeux surpris,
Les fleurs de son beau visage.

Helas! dis-je aux moineaux, en recevant les coups
De ses yeux si sçavans à faire des conquestes:
Consolez-vous, pauvres petites bestes;
Celuy qui vous a pris, est bien plus pris que vous.

Moron ne fut pas satisfait de cette Chanson, quoy-qu'il la trouvast jolie : il en demanda une plus passionnée; & priant le Satyre de luy dire celle qu'il luy avoit oüy chanter quelques jours auparavant, il continua ainsi.

DANS *vos chants si doux,*
Chantez à ma belle,
Oiseaux, chantez tous
Ma peine mortelle:
Mais si la cruelle
Se met en courroux,
Au recit fidelle
Des maux que je sens pour elle:
Oiseaux, taisez-vous,
Oiseaux, taisez-vous.

Cette seconde Chanson ayant touché Moron fort sensiblement, il pria le Satyre de luy apprendre à chanter, & luy dit:

Ah, qu'elle est belle! apprens-là moy.

SATYRE.

La, la, la, la.

MORON.

La, la, la, la.

SATYRE.

Fa, Fa, Fa, Fa.

MORON.

Fa, toy-mesme.

Le Satyre s'en mit en colere; & peu à peu se mettant en posture d'en venir à des coups de poing, les Violons reprirent un Air, sur lequel ils danserent une plaisante entrée.

ACTE

ACTE TROISIE'ME.

ARGUMENT.

LA Princesse d'Elide estoit cependant dans d'étranges inquiétudes. Le Prince d'Ithaque avoit gagné le prix des Courses. Elle avoit dans la suite de ce divertissement fait des merveilles à chanter & à la danse, sans qu'il parust que ces dons de la nature & de l'art eussent esté quasi remarquez par le Prince d'Itaque. Elle en fit de grandes plaintes à la Princesse sa parente. Elle en parla à Moron, qui fit passer cét insensible pour un brutal. Et enfin, le voyant arriver luy-mesme, elle ne pût s'empescher de luy en toucher fort serieusement quelque chose. Il luy répondit ingenument qu'il n'aimoit rien; & que, hors l'amour de sa liberté, & les plaisirs qu'elle trouvoit si agréables de la solitude & de la Chasse, rien ne le touchoit.

SCENE PREMIE'RE.

LA PRINCESSE. AGLANTE. CINTHIE. PHILIS.

CINTHIE.

IL est vray, Madame, que ce jeune Prince a fait voir une adresse non commune; & que l'air dont il a paru a esté quelque chose de surprenant. Il sort vainqueur de cette course; mais je doute fort qu'il en sorte avec le mesme cœur qu'il y a porté. Car enfin, vous luy avez tiré des traits dont il est difficile de se défendre; & sans parler de tout le reste, la grace de vostre danse, & la douceur de vostre voix ont eû des charmes aujourd'huy à toucher les plus insensibles.

LA PRINCESSE.

Le voicy qui s'entretient avec Moron; nous sçaurons un peu de quoy il luy parle. Ne rompons point encore leur entretien, & prenons cette route, pour revenir à leur rencontre.

SCENE DEUXIE'ME.

EURIALE. MORON. ARBATE.

EURIALE.

AH! *Moron, je te l'avouë; j'ay esté enchanté, & jamais tant de charmes n'ont frappé tout ensemble mes yeux & mes oreilles. Elle est adorable en tout temps, il est vray: mais ce moment l'a emporté sur tous les autres, & des graces nouvelles ont redoublé l'éclat de ses beautez. Jamais son visage ne s'est paré de plus vives couleurs, ny ses yeux ne se sont armez de traits plus vifs & plus perçans. La douceur de sa voix a voulu se faire paroistre dans un Air tout charmant qu'elle a daigné chanter; & les sons merveilleux qu'elle formoit, passoient jusqu'au fond de mon ame, & tenoient tous mes sens dans un ravissement à ne pouvoir en revenir. Elle a fait éclater en suite une disposition toute divine; & ses pieds amoureux sur l'émail d'un tendre gazon traçoient d'aimables caracteres, qui m'enlevoient hors de moy-mesme, & m'attachoient, par des nœuds invincibles, aux doux & justes mouvemens, dont tout son corps suivoit les mouvemens de l'harmonie. Enfin, jamais ame n'a eû de plus puissantes émotions que la mienne; & jay pensé plus de vingt fois oublier ma résolution, pour me jetter à ses pieds, & luy faire un aveu sincere de l'ardeur que je sens pour elle.*

MORON.

Donnez-vous-en bien de garde, Seigneur, si vous m'en voulez croire. Vous avez trouvé la meilleure invention du monde; & je me trompe fort, si elle ne vous réüssit. Les femmes sont des animaux d'un naturel bizarre: nous les gastons par nos douceurs; & je croy tout de bon que nous les verrions nous courir, sans tous ces respects & ces soûmissions, où les hommes les acoquinent.

ARBATE.

Seigneur, voicy la Princesse, qui s'est un peu éloignée de sa suite.

MORON.

Demeurez ferme, au moins, dans le chemin que vous avez pris. Je m'en vais voir ce qu'elle me dira. Cependant promenez-

vous icy dans ces petites routes, sans faire aucun semblant d'avoir envie de la joindre ; & si vous l'abordez, demeurez avec elle le moins qu'il vous sera possible.

SCENE TROISIEME.

LA PRINCESSE. MORON.

LA PRINCESSE.

TU *as donc familiarité, Moron, avec le Prince d'Ithaque?*

MORON.

Ah! Madame, il y a long-temps que nous nous connoissons.

LA PRINCESSE.

D'où vient qu'il n'est pas venu jusqu'icy, & qu'il a pris cette autre route, quand il m'a veuë?

MORON.

C'est un homme bizarre, qui ne se plaist qu'à entretenir ses pensées.

LA PRINCESSE.

Estois-tu tantost au compliment qu'il m'a fait?

MORON.

Oüy, Madame, j'y estois; & je l'ay trouvé un peu impertinent, n'en déplaise à sa Principauté.

LA PRINCESSE.

Pour moy, je le confesse, Moron: cette fuite m'a choquée; & j'ay toutes les envies du monde de l'engager, pour rabbatre un peu son orgueïl.

MORON.

Ma foy, Madame, vous ne feriez pas mal; il le meriteroit bien: mais, à vous dire vray, je doute fort que vous y puissiez réüssir.

LA PRINCESSE.

Comment?

MORON.

Comment? c'est le plus orgueïlleux petit vilain que vous ayez jamais veû. Il luy semble qu'il n'y a personne au monde qui le merite, & que la terre n'est pas digne de le porter.

LA PRINCESSE.

Mais encore, ne t'a-t-il point parlé de moy?

MORON.

Luy? non.

LA PRINCESSE.

Il ne t'a rien dit de ma voix, & de ma danse?

MORON.

Pas le moindre mot.

LA PRINCESSE.

Certes, ce mépris est choquant; & je ne puis souffrir cette hauteur étrange de ne rien estimer.

MORON.

Il n'estime & n'aime que luy.

LA PRINCESSE.

Il n'y a rien que je ne fasse, pour le soûmettre comme il faut.

MORON.

Nous n'avons point de marbre dans nos montagnes qui soit plus dur, & plus insensible que luy.

LA PRINCESSE.

Le voilà.

MORON.

Voyez-vous comme il passe sans prendre garde à vous?

LA PRINCESSE.

De grace, Moron, va le faire aviser que je suis icy, & l'oblige à me venir aborder.

SCENE

SCENE QUATRIEME.

LA PRINCESSE. EURIALE. MORON. ARBATE.

MORON.

Seigneur, je vous donne avis que tout va bien. La Princesse souhaite que vous l'abordiez: mais songez bien à continuër vostre rôle; & de peur de l'oublier, ne soyez pas long-temps avec elle.

LA PRINCESSE.

Vous estes bien solitaire, Seigneur; & c'est une humeur bien extraordinaire que la vostre, de renoncer ainsi à nostre sexe, & de fuïr, à vostre âge, cette galanterie, dont se piquent tous vos pareils.

EURIALE.

Cette humeur, Madame, n'est pas si extraordinaire, qu'on n'en trouvast des exemples sans aller loin d'icy; & vous ne sçauriez condamner la résolution que j'ay prise de n'aimer jamais rien, sans condamner aussi vos sentimens.

LA PRINCESSE.

Il y a grande difference; & ce qui sied bien à un sexe, ne sied pas bien à l'autre. Il est beau qu'une femme soit insensible, & conserve son cœur exempt des flâmes de l'amour; mais ce qui est vertu en elle, devient un crime dans un homme. Et comme la beauté est le partage de nostre sexe, vous ne sçauriez ne nous point aimer, sans nous dérober les hommages qui nous sont deûs, & commettre une offense, dont nous devons toutes nous ressentir.

EURIALE.

Je ne voy pas, Madame, que celles qui ne veulent point aimer, doivent prendre aucun interest à ces sortes d'offenses.

LA PRINCESSE.

Ce n'est pas une raison, Seigneur; & sans vouloir aimer, on est toûjours bien-aise d'estre aimée.

EURIALE.

Pour moy, je ne suis pas de mesme; & dans le dessein où je suis, de ne rien aimer, je serois fâché d'estre aimé.

LA PRINCESSE.

Et la raison?

EURIALE.

C'est qu'on a obligation à ceux qui nous aiment, & que je serois fâché d'estre ingrat.

LA PRINCESSE.

Si bien donc, que pour fuïr l'ingratitude, vous aimeriez qui vous aimeroit?

EURIALE.

Moy, Madame, point du tout. Je dis bien que je serois fâché d'estre ingrat; mais je me résoudrois plûtost de l'estre, que d'aimer.

LA PRINCESSE.

Telle personne vous aimeroit peut-estre, que vostre cœur....

EURIALE.

Non, Madame, rien n'est capable de toucher mon cœur. Ma liberté est la seule maistresse à qui je consacre mes vœux; & quand le Ciel emploieroit ses soins à composer une beauté parfaite; quand il assembleroit en elle tous les dons les plus merveilleux, & du corps & de l'ame; enfin, quand il exposeroit à mes yeux un miracle d'esprit, d'adresse, & de beauté, & que cette personne m'aimeroit avec toutes les tendresses imaginables: je vous l'avoüë franchement, je ne l'aimerois pas.

LA PRINCESSE.

A-t-on jamais rien veû de tel?

MORON.

Peste soit du petit brutal; j'aurois envie de luy bailler un coup de poing.

LA PRINCESSE, parlant en soy.

Cét orgueïl me confond; & j'ay un tel dépit, que je ne me sens pas.

MORON, parlant au Prince.

Bon, courage, Seigneur; voilà qui va le mieux du monde.

EURIALE.

Ah! Moron, je n'en puis plus, & je me suis fait des efforts étranges.

LA PRINCESSE.

C'est avoir une insensibilité bien grande, que de parler comme vous faites.

EURIALE.

Le Ciel ne m'a pas fait d'une autre humeur. Mais, Madame, j'interromps vostre promenade, & mon respect doit m'avertir que vous aimez la solitude.

SCENE CINQUIEME.

LA PRINCESSE. MORON. PHILIS. TIRCIS.

MORON.

IL *ne vous en doit rien, Madame, en dureté de cœur.*

LA PRINCESSE.

Je donnerois volontiers tout ce que j'ay au monde, pour avoir l'avantage d'en triompher.

MORON.

Je le croy.

LA PRINCESSE.

Ne pourrois-tu point, Moron, me servir dans un tel dessein?

MORON.

Vous sçavez bien, Madame, que je suis tout à vostre service.

LA PRINCESSE.

Parle-luy de moy dans tes entretiens; vante-luy adroitement ma personne, & les avantages de ma naissance; & tâche d'ébran-

ler ses sentimens, par la douceur de quelque espoir. Je te permets de dire tout ce que tu voudras, pour tâcher à me l'engager.

MORON.

Laissez-moy faire.

LA PRINCESSE.

C'est une chose qui me tient au cœur; je souhaite ardemment qu'il m'aime.

MORON.

Il est bien fait, oüy, ce petit pendart-là. Il a bon air, bonne phisionomie; & je croy qu'il seroit assez le fait d'une jeune Princesse.

LA PRINCESSE.

Enfin, tu peux tout esperer de moy, si tu trouves moyen d'enflâmer pour moy son cœur.

MORON.

Il n'y a rien qui ne se puisse faire. Mais, Madame, s'il venoit à vous aimer, que feriez-vous, s'il vous plaist?

LA PRINCESSE.

Ah! ce seroit lors que je prendrois plaisir à triompher pleinement de sa vanité, à punir son mépris par mes froideurs, & à exercer sur luy toutes les cruautez que je pourrois imaginer.

MORON.

Il ne se rendra jamais.

LA PRINCESSE.

Ah! Moron, il faut faire en sorte qu'il se rende.

MORON.

Non, il n'en fera rien; je le connois, ma peine sera inutile.

LA PRINCESSE.

Si faut-il pourtant tenter toute chose, & éprouver si son ame est entiérement insensible. Allons, je veux luy parler, & suivre une pensée qui vient de me venir.

Fin du troisiéme Acte.

QUATRIEME

QUATRIE'ME INTERMEDE.

SCENE PREMIERE.

PHILIS. TIRCIS.

PHILIS.

VIEN, *Tircis, laiſſons-les aller, & me dis un peu ton martyre de la façon que tu ſçais faire. Il y a long-temps que tes yeux me parlent; mais je ſuis plus aiſé d'oüir ta voix.*

TIRCIS en chantant.

TU *m'écoutes, helas! dans ma triſte langueur;*
Mais je n'en ſuis pas mieux, ô beauté ſans pareille!
Et je touche ton oreille,
Sans que je touche ton cœur.

PHILIS.

Va, va, c'eſt déja quelque choſe que de toucher l'oreille, & le temps amene tout. Chante-moy cependant quelque plainte nouvelle que tu ayes composée pour moy.

SCENE DEUXIEME.

MORON. PHILIS. TIRCIS.

MORON.

AH! *ah! je vous y prens, cruelle; vous vous écartez des autres, pour oüir mon rival.*

PHILIS.

Oüi, je m'écarte pour cela; je te le dis encore. Je me plais avec luy; & l'on écoute volontiers les amans, lors qu'ils ſe plaignent auſſi agréablement qu'il fait. Que ne chantes-tu comme luy? je prendrois plaiſir à t'écouter.

MORON.

Si je ne ſçay chanter, je ſçay faire autre choſe; & quand....

Q

PHILIS.

Tais-toy; je veux l'entendre. Dis, Tircis, ce que tu voudras.

MORON.

Ah! cruelle....

PHILIS.

Silence, dis-je, ou je me mettray en colere.

TIRCIS.

ARBRES *épais, & vous prez émaillez:*
La beauté dont l'Hiver vous avoit dépoüillez,
Par le Printemps vous est renduë:
Vous reprenez tous vos appas;
Mais mon ame ne reprend pas
La joye, helas! que j'ay perduë.

MORON.

Morbleu, que n'ay-je de la voix. Ah! nature marastre, pourquoy ne m'as-tu pas donné de quoy chanter comme à un autre?

PHILIS.

En verité, Tircis, il ne se peut rien de plus agréable; & tu l'emportes sur tous les rivaux que tu as.

MORON.

Mais pourquoy est-ce que je ne puis pas chanter? N'ay-je pas un estomach, un gosier, & une langue comme un autre? Oüi, oüi; allons, je veux chanter aussi, & te montrer que l'Amour fait faire toutes choses. Voicy une chanson que j'ay faite pour toy.

PHILIS.

Oüi, dis; je veux bien t'écouter pour la rareté du fait.

MORON.

Courage, Moron; il n'y a qu'à avoir de la hardiesse.

MORON chante.

TON *extrême rigueur*
S'acharne sur mon cœur;
Ah! Philis, je trépasse:
Daignes me secourir;
En seras-tu plus grasse
De m'avoir fait mourir?
Vivat, Moron.

PHILIS.

Voilà qui est le mieux du monde. Mais, Moron, je souhaiterois bien d'avoir la gloire, que quelque Amant fût mort pour moy. C'est un avantage dont je n'ay point encore joüi; & je trouve que j'aimerois de tout mon cœur une personne, qui m'aimeroit assez pour se donner la mort.

MORON.

Tu aimerois une personne qui se tüeroit pour toy?

PHILIS.

Oüi.

MORON.

Il ne faut que cela pour te plaire?

PHILIS.

Non.

MORON.

Voilà qui est fait; je te veux montrer que je me sçay tüer quand je veux.

TIRCIS chante.

Ah! quelle douceur extréme,
De mourir pour ce qu'on aime. bis

MORON.

C'est un plaisir que vous aurez quand vous voudrez.

TIRCIS chante.

Courage, Moron; meurs promtement
En genereux Amant.

MORON.

Je vous prie de vous mesler de vos affaires, & de me laisser tüer à ma fantaisie. Allons, je vais faire honte à tous les Amans. Tien, je ne suis pas homme à faire tant de façons. Voy ce poignard; prens bien garde comme je vais me percer le cœur. Je suis vostre serviteur; quelque niais. Se riant de Tircis.

PHILIS.

Allons, Tircis; viens-t'en me redire à l'écho ce que tu m'as chanté.

ACTE QUATRIE'ME.

ARGUMENT.

LA Princesse esperant, par une feinte, pouvoir découvrir les sentimens du Prince d'Itaque, elle luy fit confidence qu'elle aimoit le Prince de Messene. Au lieu d'en paroistre affligé, il luy rendit la pareille, & luy fit connoistre que la Princesse sa parente luy avoit donné dans la veûë, & qu'il la demanderoit en mariage au Roy son Pere. A cette atteinte impréveuë cette Princesse perdit toute sa constance; & quoyqu'elle essaiast à se contraindre devant luy, aussitost qu'il fut sorti, elle demanda avec tant d'empressement à sa Cousine de ne recevoir point les services de ce Prince, & de ne l'épouser jamais, qu'elle ne pût le luy refuser. Elle s'en plaignit mesme à Moron, qui luy ayant dit assez franchement qu'elle l'aimoit donc, en fut chassé de sa presence.

SCENE PREMIE'RE.

EURIALE. LA PRINCESSE. MORON.

LA PRINCESSE.

PRINCE, *comme jusques-icy nous avons fait paroistre une conformité de sentimens, & que le Ciel a semblé mettre en nous mesmes attachemens pour nostre liberté, & mesme aversion pour l'Amour; je suis bien-aise de vous ouvrir mon cœur, & de vous faire confidence d'un changement dont vous serez surpris. J'ay toûjours regardé l'Hymen comme une chose affreuse; & j'avois fait serment d'abandonner plûtost la vie, que de me résoudre jamais à perdre cette liberté pour qui j'avois des tendresses si grandes. Mais enfin, un moment a dissipé toutes ces résolutions. Le merite d'un Prince m'a frappé aujourd'huy les yeux; & mon ame tout d'un coup, comme par un miracle, est devenuë sensible aux traits de cette passion que j'avois toûjours méprisée. J'ay trouvé d'abord des raisons, pour authoriser ce changement; & je puis l'appuyer de la volonté de répondre aux ardentes sollicitations d'un Pere, & aux vœux de tout un Estat:* mais,

mais, à vous dire vray, je suis en peine du jugement que vous ferez de moy, & je voudrois sçavoir si vous condamnerez, ou non, le dessein que j'ay de me donner un Epoux.

EURIALE.

Vous pourriez faire un tel choix, Madame, que je l'approuverois sans doute.

LA PRINCESSE.

Qui croyez-vous, à vostre avis, que je veüille choisir?

EURIALE.

Si j'estois dans vostre cœur, je pourrois vous le dire: mais comme je n'y suis pas, je n'ay garde de vous répondre.

LA PRINCESSE.

Devinez, pour voir, & nommez quelqu'un.

EURIALE.

J'aurois trop peur de me tromper.

LA PRINCESSE.

Mais encore, pour qui souhaiteriez-vous que je me déclarasse?

EURIALE.

Je sçay bien, à vous dire vray, pour qui je le souhaiterois: mais avant que de m'expliquer, je dois sçavoir vostre pensée.

LA PRINCESSE.

Et bien, Prince, je veux bien vous la découvrir: je suis seûre que vous allez approuver mon choix; & pour ne vous point tenir en suspens davantage, le Prince de Messene est celuy de qui le merite s'est attiré mes vœux.

EURIALE.

O Ciel!

LA PRINCESSE.

Mon invention a réussi, Moron; le voilà qui se trouble.

MORON, parlant

à la Princesse, au Prince, à la Princesse, au Prince.

Bon, Madame. Courage, Seigneur. Il en tient. Ne vous défaites pas.

LA PRINCESSE.

Ne trouvez-vous pas que j'ay raison, & que ce Prince a tout le merite qu'on peut avoir?

MORON au Prince.

Remettez-vous, & songez à répondre.

LA PRINCESSE.

D'où vient, Prince, que vous ne dites mot, & semblez interdit?

EURIALE.

Je le suis à la verité : & j'admire, Madame, comme le Ciel a pû former deux ames aussi semblables en tout que les nostres; deux ames en qui l'on ait veû une plus grande conformité de sentimens, qui ayent fait éclater dans le mesme temps une résolution à braver les traits de l'Amour, & qui dans le mesme moment ayent fait paroistre une égale facilité à perdre le nom d'insensibles. Car enfin, Madame, puis que vostre exemple m'autorise, je ne feindrai point de vous dire que l'Amour aujourd'hui s'est rendu maistre de mon cœur, & qu'une des Princesses, vos cousines, l'aimable & belle Aglante, a renversé d'un coup d'œil tous les projets de ma fierté. Je suis ravi, Madame, que par cette égalité de défaite nous n'ayons rien a nous reprocher l'un & l'autre; & je ne doute point, que comme je vous loüe infiniment de vostre choix, vous n'approuviez aussi le mien. Il faut que ce miracle éclate aux yeux de tout le monde, & nous ne devons point differer à nous rendre tous deux contens. Pour moy, Madame, je vous sollicite de vos suffrages, pour obtenir celle que je souhaite, & vous trouverez bon que j'aille de ce pas en faire la demande au Prince vostre Pere.

MORON.

Ah digne! ah brave cœur!

SCENE DEUXIEME.

LA PRINCESSE. MORON.

LA PRINCESSE.

AH! *Moron, je n'en puis plus; & ce coup, que je n'attendois pas, triomphe absolument de toute ma fermeté.*

MORON.

Il est vray que le coup est surprenant ; & j'avois crû d'abord que vostre stratageme avoit fait son effet.

LA PRINCESSE.

Ah! ce m'est un dépit à me desesperer, qu'une autre ait l'avantage de soûmettre ce cœur que je voulois soûmettre.

SCENE TROISIEME.

LA PRINCESSE. AGLANTE. MORON.

LA PRINCESSE.

PRINCESSE, *j'ay à vous prier d'une chose, qu'il faut absolument que vous m'accordiez. Le Prince d'Ithaque vous aime, & veut vous demander au Prince mon Pere.*

AGLANTE.

Le Prince d'Ithaque, Madame!

LA PRINCESSE.

Oüi; il vient de m'en asseûrer luy-mesme, & m'a demandé mon suffrage pour vous obtenir: mais je vous conjure de rejetter cette proposition, & de ne point prester l'oreille à tout ce qu'il pourra vous dire.

AGLANTE.

Mais, Madame, s'il estoit vray que ce Prince m'aimast effectivement, pourquoy, n'ayant aucun dessein de vous engager, ne voudriez-vous pas souffrir....

LA PRINCESSE.

Non, Aglante, je vous le demande; faites-moy ce plaisir, je vous prie, & trouvez bon que n'ayant pû avoir l'avantage de le soûmettre, je luy dérobe la joye de vous obtenir.

AGLANTE.

Madame, il faut vous obeïr; mais je croirois que la conqueste d'un tel cœur ne seroit pas une victoire à dédaigner.

LA PRINCESSE.

Non, non, il n'aura pas la joye de me braver entiérement.

SCENE QUATRIÉME.

ARISTOMENE. MORON. LA PRINCESSE. AGLANTE.

ARISTOMENE.

MADAME, *je viens à vôs pieds rendre grace à l'Amour de mes heureux destins, & vous témoigner avec mes transports, le ressentiment où je suis, des bontez surprenantes dont vous daignez favoriser le plus soûmis de vos captifs.*

LA PRINCESSE.

Comment?

ARISTOMENE.

Le Prince d'Ithaque, Madame, vient de m'asseûrer tout à l'heure que vostre cœur avoit eû la bonté de s'expliquer en ma faveur, sur ce celebre choix qu'attend toute la Grece.

LA PRINCESSE.

Il vous a dit qu'il tenoit cela de ma bouche?

ARISTOMENE.

Oüi, Madame.

LA PRINCESSE.

C'est un étourdy; & vous estes un peu trop credule, Prince, d'ajoûter foy si promtement à ce qu'il vous a dit. Une pareille nouvelle meriteroit bien, ce me semble, qu'on en doutast un peu de temps; & c'est tout ce que vous pourriez faire de la croire, si je vous l'avois dite moy-mesme.

ARISTOMENE.

Madame, si j'ay esté trop promt à me persuader....

LA PRINCESSE.

De grace, Prince, brisons-là ce discours; & si vous voulez m'obliger, souffrez que je puisse joüir de deux momens de solitude.

SCENE

SCENE CINQUIEME.

LA PRINCESSE. AGLANTE. MORON.

LA PRINCESSE.

AH! qu'en cette avanture, le Ciel me traite avec une rigueur étrange! Au moins, Princesse, souvenez-vous de la priére que je vous ay faite.

AGLANTE.

Je vous l'ay dit déja, Madame; il faut vous obéïr.

MORON.

Mais, Madame, s'il vous aimoit, vous n'en voudriez point; & cependant vous ne voulez pas qu'il soit à un autre. C'est faire justement comme le chien du Jardinier.

LA PRINCESSE.

Non, je ne puis souffrir qu'il soit heureux avec une autre; & si la chose estoit, je croy que j'en mourrois de déplaisir.

MORON.

Ma foy, Madame, avoüons la dette: vous voudriez qu'il fût à vous; & dans toutes vos actions, il est aisé de voir que vous aimez un peu ce jeune Prince.

LA PRINCESSE.

Moy, je l'aime? O Ciel! je l'aime? Avez-vous l'insolence de prononcer ces paroles? Sortez de ma veüë, impudent, & ne vous presentez jamais devant moy.

MORON.

Madame....

LA PRINCESSE.

Retirez-vous d'icy, vous dis-je, ou je vous en feray retirer d'une autre maniére.

MORON.

Ma foy son cœur en a sa provision, & .... Il rencontre un regard de la Princesse, qui l'oblige à se retirer.

SCENE SIXIEME.

LA PRINCESSE.

DE *quelle émotion inconnuë sens-je mon cœur atteint? & quelle inquiétude secrette est venu troubler tout d'un coup la tranquillité de mon ame? Ne seroit-ce point aussi, ce qu'on vient de me dire, & sans en rien sçavoir, n'aimerois-je point ce jeune Prince? Ah! si cela estoit, je serois personne à me desesperer: mais il est impossible que cela soit, & je voy bien que je ne puis pas l'aimer. Quoy, je serois capable de cette lâcheté! J'ay veû toute la Terre à mes pieds, avec la plus grande insensibilité du monde. Les respects, les hommages & les soûmissions n'ont jamais pû toucher mon ame: & la fierté & le dédain en auroient triomphé! J'ay méprisé tous ceux qui m'ont aimée: & j'aimerois le seul qui me méprise! Non, non, je sçay bien que je ne l'aime pas. Il n'y a pas de raison à cela. Mais si ce n'est pas de l'amour que ce que je sens maintenant, qu'est-ce donc que ce peut estre? Et d'où vient ce poison qui me court par toutes les veines, & ne me laisse point en repos avec moy-mesme? Sors de mon cœur, qui que tu sois, ennemi qui te caches; attaque-moy visiblement, & deviens à mes yeux la plus affreuse beste de tous nos bois, afin que mon dard & mes fléches me puissent défaire de toy. O vous, admirables personnes, qui par la douceur de vos chants avez l'art d'adoucir les plus fâcheuses inquiétudes, approchez-vous d'icy, de grace; & tâchez de charmer avec vostre musique le chagrin où je suis.*

Fin du quatriéme Acte.

CINQUIÉME INTERMEDE.

CLIMENE. PHILIS.

CLIMENE.

CHERE *Philis, dis-moy, que crois-tu de l'Amour?*

PHILIS.

Toy-mesme, qu'en crois-tu, ma compagne fidelle?

CLIMENE.

On m'a dit que sa flâme est pire qu'un Vautour;
Et qu'on souffre en aimant une peine cruelle.

PHILIS.

On m'a dit qu'il n'est point de passion plus belle;
Et que ne pas aimer, c'est renoncer au jour.

CLIMENE.

A qui des deux donnerons-nous victoire?

PHILIS.

Qu'en croirons-nous, ou le mal, ou le bien?

CLIMENE & PHILIS, ensemble.

Aimons: c'est le vray moyen
De sçavoir ce qu'on en doit croire.

PHILIS.

Cloris vante par tout l'Amour & ses ardeurs.

CLIMENE.

Amarante pour luy verse en tous lieux des larmes.

PHILIS.

Si de tant de tourmens il accable les cœurs,
D'où vient qu'on aime à luy rendre les armes?

CLIMENE.

Si sa flâme, Philis, est si pleine de charmes,
Pourquoy nous défend-on d'en goûter les douceurs?

PHILIS.

A qui des deux donnerons-nous victoire?

CLIMENE.

Qu'en croirons-nous; ou le mal, ou le bien?

TOUTES DEUX ENSEMBLE.

Aimons: c'est le vray moyen
De sçavoir ce qu'on en doit croire.

La Princesse les interrompit en cét endroit, & leur dit:

Achevez seules si vous voulez, je ne sçaurois demeurer en repos; & quelque douceur qu'ayent vos chants, ils ne font que redoubler mon inquiétude.

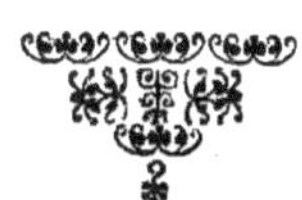

ACTE

ACTE CINQUIE'ME.

ARGUMENT.

IL se passoit dans le cœur du Prince de Messene des choses bien differentes. La joie que luy avoit donné le Prince d'Ithaque, en luy apprenant malicieusement qu'il estoit aimé de la Princesse, l'avoit obligé de l'aller trouver avec une inconsideration, que rien qu'une extréme amour, ne pouvoit excuser; mais il en avoit esté receû d'une maniére bien differente à ce qu'il esperoit. Elle luy demanda, qui luy avoit appris cette nouvelle. Et quand elle eût sceû que ç'avoit esté le Prince d'Ithaque, cette connoissance augmenta cruellement son mal, & luy fit dire, à demi desesperée, c'est un étourdi; & ce mot étourdit si fort le Prince de Messene, qu'il sortit tout confus, sans luy pouvoir répondre.

La Princesse d'un autre costé alla trouver le Roy son Pere, qui venoit de paroistre avec le Prince d'Ithaque, & qui luy témoignoit, non-seulement la joie qu'il auroit eûë de le voir entrer dans son alliance, mais l'opinion qu'il commençoit d'avoir que sa fille ne le haïssoit pas. Elle ne fut pas plûtost auprés de luy, que se jettant à ses pieds, elle luy demanda, pour la plus grande faveur qu'elle en pust jamais recevoir, que le Prince d'Ithaque n'épousast jamais la Princesse. Ce qu'il luy promit solennellement. Mais il luy dit que si elle ne vouloit point qu'il fût à une autre, il falloit qu'elle le prist pour elle. Elle luy répondit, il ne le voudroit pas; mais d'une maniére si passionnée, qu'il estoit aisé de connoistre les sentimens de son cœur. Alors le Prince, quittant toute sorte de feinte, luy confessa son amour, & le stratageme dont il s'estoit servi, pour venir au point où il se voyoit alors, par la connoissance de son humeur. La Princesse luy donnant la main, le Roy se tourna vers les deux Princes de Messene & de Pyle, & leur demanda si ses deux parentes, dont le merite n'estoit pas moindre que la qualité, ne seroient point capables de les consoler de leur disgrace. Ils luy répondirent que l'honneur de son alliance faisant tous leurs souhaits, ils ne pouvoient esperer une plus heureuse fortune. Alors la joie fut si grande dans le Palais, qu'elle se répandit par tous les environs.

SCENE PREMIERE.

LE PRINCE. EURIALE. MORON. AGLANTE. CINTHIE.

MORON.

OUï, Seigneur, ce n'est point raillerie, j'en suis ce qu'on appelle disgracié. Il m'a falu tirer mes chausses au plus viste; & jamais vous n'avez veû un emportement plus brusque que le sien.

LE PRINCE.

Ah! Prince, que je devrai de graces à ce stratageme amoureux, s'il faut qu'il ait trouvé le secret de toucher son cœur!

EURIALE.

Quelque chose, Seigneur, que l'on vienne de vous en dire, je n'ose encore, pour moy, me flatter de ce doux espoir: mais enfin, si ce n'est pas à moy trop de temerité, que d'oser aspirer à l'honneur de vostre alliance; si ma personne, & mes Estats....

LE PRINCE.

Prince, n'entrons point dans ces complimens. Je trouve en vous de quoy remplir tous les souhaits d'un pere; & si vous avez le cœur de ma fille, il ne vous manque rien.

SCENE DEUXIEME.

LA PRINCESSE. LE PRINCE. EURIALE. AGLANTE. CINTHIE. MORON.

LA PRINCESSE.

O Ciel! que vois-je icy?

LE PRINCE.

Oüi, l'honneur de vostre alliance m'est d'un prix tres-considerable; & je souscris aisément de tous mes suffrages à la demande que vous me faites.

LA PRINCESSE.

Seigneur, je me jette à vos pieds, pour vous demander une grace. Vous m'avez toûjours témoigné une tendresse extréme;

& je croy vous devoir bien plus par les bontez que vous m'avez fait voir, que par le jour que vous m'avez donné. Mais, si jamais pour moy vous avez eû de l'amitié, je vous en demande aujourd'hui la plus sensible preuve que vous me puissiez accorder; c'est de n'écouter point, Seigneur, la demande de ce Prince, & de ne pas souffrir que la Princesse Aglante soit unie avec luy.

LE PRINCE.

Et par quelle raison, ma Fille, voudrois-tu t'opposer à cette union?

LA PRINCESSE.

Par la raison, que je hais ce Prince; & que je veux, si je puis, traverser ses desseins.

LE PRINCE.

Tu le hais, ma Fille?

LA PRINCESSE.

Oüi, & de tout mon cœur, je vous l'avoüe.

LE PRINCE.

Et que t'a-t-il fait?

LA PRINCESSE.

Il m'a méprisée.

LE PRINCE.

Et comment?

LA PRINCESSE.

Il ne m'a pas trouvée assez bien faite, pour m'adresser ses vœux.

LE PRINCE.

Et quelle offense te fait cela? Tu ne veux accepter personne?

LA PRINCESSE.

N'importe, il me devoit aimer comme les autres, & me laisser, au moins, la gloire de le refuser. Sa déclaration me fait un affront; & ce m'est une honte sensible, qu'à mes yeux, & au milieu de vostre Cour, il a recherché une autre que moy.

LE PRINCE.

Mais quel interest dois-tu prendre à luy?

LA PRINCESSE.

J'en prens, Seigneur, à me venger de son mépris; & comme je sçay bien qu'il aime Aglante avec beaucoup d'ardeur, je veux empescher, s'il vous plaist, qu'il ne soit heureux avec elle.

LE PRINCE.

Cela te tient donc bien au cœur?

LA PRINCESSE.

Ouï, Seigneur, sans doute; & s'il obtient ce qu'il demande, vous me verrez expirer à vos yeux.

LE PRINCE.

Va, va, ma fille, avouë franchement la chose. Le merite de ce Prince t'a fait ouvrir les yeux; & tu l'aimes enfin, quoyque tu puisses dire.

LA PRINCESSE.

Moy, Seigneur!

LE PRINCE.

Ouï, tu l'aimes.

LA PRINCESSE.

Je l'aime, dites-vous, & vous m'imputez cette lâcheté? O Ciel! quelle est mon infortune? Puis-je bien, sans mourir, entendre ces paroles; & faut-il que je sois si malheureuse, qu'on me soupçonne de l'aimer? Ah! si c'estoit un autre que vous, Seigneur, qui me tint ce discours, je ne sçay pas ce que je ne ferois point.

LE PRINCE.

Et bien, ouï, tu ne l'aimes pas. Tu le hais, j'y consens; & je veux bien, pour te contenter, qu'il n'épouse pas la Princesse Aglante.

LA PRINCESSE.

Ah! Seigneur, vous me donnez la vie.

LE PRINCE.

Mais, afin d'empescher qu'il ne puisse jamais estre à elle, il faut que tu le prennes pour toy.

LA PRINCESSE.

Vous vous mocquez, Seigneur; & ce n'est pas ce qu'il demande.

EURIALE.

EURIALE.

Pardonnez-moy, Madame : je suis assez temeraire pour cela ; & je prens à témoin le Prince vostre Pere, si ce n'est pas vous que j'ay demandée. C'est trop vous tenir dans l'erreur ; il faut lever le masque, &, deussiez-vous vous en prévaloir contre moy, découvrir à vos yeux les veritables sentimens de mon cœur. Je n'ay jamais aimé que vous, & jamais je n'aimerai que vous. C'est vous, Madame, qui m'avez enlevé cette qualité d'insensible, que j'avois toûjours affectée ; & tout ce que j'ay pû vous dire, n'a esté qu'une feinte, qu'un mouvement secret m'a inspirée, & que je n'ay suivie qu'avec toutes les violences imaginables. Il falloit qu'elle cessast bientost, sans doute ; & je m'étonne seulement qu'elle ait pû durer la moitié d'un jour : car enfin je mourois, je brûlois dans l'ame, quand je vous déguisois mes sentimens, & jamais cœur n'a souffert une contrainte égale à la mienne. Que si cette feinte, Madame, a quelque chose qui vous offense, je suis tout prest de mourir pour vous en venger. Vous n'avez qu'à parler, & ma main sur le champ fera gloire d'exécuter l'Arrest que vous prononcerez.

LA PRINCESSE.

Non, non, Prince, je ne vous sçay pas mauvais gré de m'avoir abusée ; & tout ce que vous m'avez dit, je l'aime bien mieux une feinte, que non pas une verité.

LE PRINCE.

Si bien donc, ma fille, que tu veux bien accepter ce Prince pour époux ?

LA PRINCESSE.

Seigneur, je ne sçay pas encore ce que je veux. Donnez-moy le temps d'y songer, je vous prie, & m'épargnez un peu la confusion où je suis.

LE PRINCE.

Vous jugez, Prince, ce que cela veut dire, & vous vous pouvez fonder là-dessus.

EURIALE.

Je l'attendrai tant qu'il vous plaira, Madame, cét arrest de ma destinée ; & s'il me condamne à la mort, je le suivray sans murmure.

LE PRINCE.

Vien, Moron, c'est icy un jour de paix; & je te remets en grace avec la Princesse.

MORON.

Seigneur, je serai meilleur Courtisan une autre fois; & je me garderay bien de dire ce que je pense.

SCENE TROISIEME.

ARISTOMENE. THEOCLES. LE PRINCE. LA PRINCESSE. AGLANTE. CINTHIE. MORON.

LE PRINCE.

JE *crains bien, Prince, que le choix de ma fille ne soit pas en vostre faveur; mais voilà deux Princesses qui peuvent bien vous consoler de ce petit malheur.*

ARISTOMENE.

Seigneur, nous sçavons prendre nostre parti; & si ces aimables Princesses n'ont point trop de mépris pour les cœurs qu'on a rebutez, nous pouvons revenir par elles, à l'honneur de vostre alliance.

SCENE QUATRIEME.

PHILIS. ARISTOMENE. THEOCLES. LE PRINCE. LA PRINCESSE. AGLANTE. CINTHIE. MORON.

PHILIS.

SEIGNEUR, *la Déesse Venus vient d'annoncer par tout le changement du cœur de la Princesse. Tous les Pasteurs & toutes les Bergeres en témoignent leur joie par des danses & des chansons; & si ce n'est point un spectacle que vous méprisiez, vous allez voir l'allegresse publique se répandre jusques-icy.*

Fin du cinquiéme Acte.

SIXIE'ME INTERMEDE.

CHOEUR DE PASTEURS ET DE BERGERES qui dansent.

Quatre Bergers & deux Bergeres Héroïques, represéntez, les premiers par les sieurs le Gros, Estival, Don & Blondel; & les deux Bergeres, par Mad[lle] de la Barre, & Mad[lle] Hilaire, se prenant par la main, chanterent cette Chanson à danser, à laquelle les autres répondirent.

CHANSON.

USEZ *mieux, ô beautez fiéres,*
Du pouvoir de tout charmer;
Aimez, aimables Bergéres,
Nos cœurs sont faits pour aimer:
Quelque fort qu'on s'en défende,
Il y faut venir un jour:
Il n'est rien qui ne se rende
Aux doux charmes de l'Amour.

Songez de bonne heure à suivre
Le plaisir de s'enflâmer;
Un cœur ne commence à vivre,
Que du jour qu'il sçait aimer:
Quelque fort qu'on s'en défende,
Il y faut venir un jour:
Il n'est rien qui ne se rende
Aux doux charmes de l'Amour.

Pendant que ces aimables personnes dansoient, il sortit de dessous le Theatre, la machine d'un grand arbre chargé de seize Faunes, dont les huit joüérent de la Flûte, & les autres du Violon, avec un concert le plus agréable du monde. Trente Violons leur répondoient de l'Orcheftre, avec six autres concertans de Clavessins & de Theorbes, qui étoient les sieurs Danglebert, Richard, Itier, La Barre le cadet, Tissu & Le Moine.

Et quatre Bergers, & quatre Bergéres, vinrent danſer une fort belle Entrée, à laquelle les Faunes deſcendans de l'arbre, ſe meſlerent de temps en temps; & toute cette Scene fut ſi grande, ſi remplie, & ſi agréable, qu'il ne s'eſtoit encore rien veû de plus beau en Ballet.

Auſſi fit-elle une avantageuſe concluſion aux divertiſſemens de ce jour, que toute la Cour ne loüa pas moins que celuy qui l'avoit précedé, ſe retirant avec une ſatisfaction qui luy fit bien eſperer de la ſuite d'une Feſte ſi complete.

Les Bergers étoient, les ſieurs Chicanneau, du Pron, Noblet, & la Pierre.

Et les Bergéres, les ſieurs Baltazard, Magny, Arnald, & Bonard.

Fin de la ſeconde Journée.

TROISIE'ME

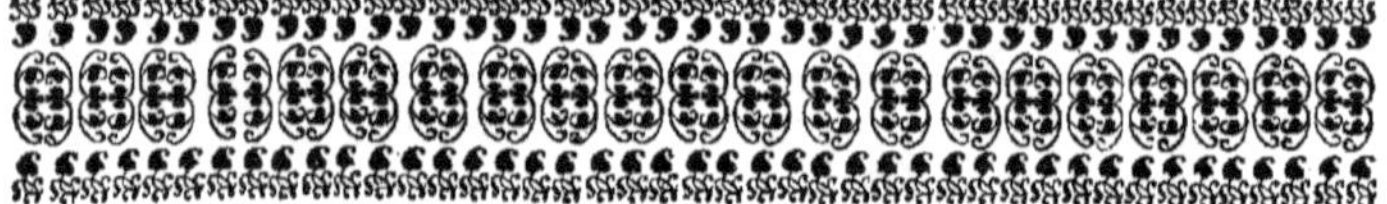

TROISIÉME JOURNÉE DES PLAISIRS DE L'ISLE ENCHANTÉE.

PLUS on s'avançoit vers le grand Rondeau qui repre-ſentoit le Lac, ſur lequel eſtoit autrefois baſti le Palais d'Alcine, plus on s'approchoit de la fin des divertiſſemens de l'Iſle Enchantée, comme s'il n'euſt pas eſté juſte que tant de braves Chevaliers demeuraſſent plus long-temps dans une oiſiveté qui eût fait tort à leur gloire.

On feignoit donc, ſuivant toûjours le premier deſſein, que le Ciel ayant réſolu de donner la liberté à ces Guerriers, Alcine en eût des preſſentimens, qui la remplirent de terreur & d'inquiétudes. Elle voulut apporter tous les remedes poſſibles pour prévenir ce malheur, & fortifier en toutes maniéres un lieu qui pût renfermer tout ſon repos & ſa joie.

On fit paroiſtre ſur ce Rondeau, dont l'étenduë & la forme ſont extraordinaires, un Rocher ſitué au milieu d'une Iſle couverte de divers animaux, comme s'ils euſſent voulu en défendre l'entrée.

Deux autres Iſles plus longues, mais d'une moindre largeur, paroiſſoient aux deux coſtez de la premiére; & toutes trois, auſſi-bien que les bords du Rondeau, eſtoient ſi fort éclairées, que ces lumiéres faiſoient naiſtre un nouveau jour dans l'obſcurité de la nuit.

Leurs Majeſtez eſtant arrivées, n'eûrent pas plûtoſt pris leur place, que l'une des deux Iſles qui paroiſſoient aux coſtez de la premiére, fut toute couverte de Violons fort bien veſtus.

L'autre, qui luy estoit opposée, le fut au mesme temps de Trompettes & de Tymballiers, dont les habits n'estoient pas moins riches.

Mais ce qui surprit davantage, fut de voir sortir Alcine de derriére le Rocher, portée par un Monstre Marin d'une grandeur prodigieuse.

Deux des Nymphes de sa suite, sous les noms de Celie & de Dircé, partirent au mesme temps à sa suite, & se mettant à ses costez sur de grandes Baleines, elles s'approcherent du bord du Rondeau; & Alcine commença des Vers, ausquels ses Compagnes répondirent, & qui furent à la loüange de la Reine Mere du Roy.

ALCINE. CELIE. DIRCE'.

ALCINE.

VOUS, à qui je fis part de ma felicité,
Pleurez avecque moy dans cette extrémité.

CELIE.

Quel est donc le sujet des soudaines alarmes
Qui de vos yeux charmans font couler tant de larmes?

ALCINE.

Si je pense en parler, ce n'est qu'en fremissant.
Dans les sombres horreurs d'un songe menaçant,
Un Spectre m'avertit, d'une voix éperduë,
Que pour moy des Enfers la force est suspenduë;
Qu'un celeste pouvoir arreste leur secours;
Et que ce jour sera le dernier de mes jours.
Ce que versa de triste au point de ma naissance,
Des Astres ennemis la maligne influence,
Et tout ce que mon art m'a prédit de malheurs,
En ce songe fut peint de si vives couleurs,
Qu'à mes yeux éveillez sans cesse il represente
Le pouvoir de Melisse, & l'heur de Bradamante.
J'avois préveû ces maux: mais les charmans plaisirs
Qui sembloient en ces lieux prévenir nos desirs,
Nos superbes palais, nos jardins, nos campagnes,
L'agréable entretien de nos cheres compagnes,

Nos jeux & nos chansons, les concerts des oiseaux,
Le parfum des Zephirs, le murmure des eaux,
De nos tendres amours les douces avantures,
M'avoient fait oublier ces funestes augures;
Quand le songe cruel, dont je me sens troubler,
Avec tant de fureur les vint renouveller.
Chaque instant je croy voir mes forces terrassées,
Mes gardes égorgez, & mes prisons forcées:
Je croy voir mille amans, par mon art transformez,
D'une égale fureur à ma perte animez,
Quitter en mesme temps leurs troncs & leurs feüillages,
Dans le juste dessein de venger leurs outrages;
Et je croy voir enfin mon aimable Roger
De mes fers méprisez prest à se dégager.

CELIE.

La crainte en vostre esprit s'est aquis trop d'empire.
Vous regnez seule icy, pour vous seule on soûpire;
Rien n'interrompt le cours de vos contentemens,
Que les accens plaintifs de vos tristes amans:
Logistile, & ses gens chassez de nos campagnes,
Tremblent encor de peur, cachez dans leurs montagnes;
Et le nom de Melisse, en ces lieux inconnu,
Par vos augures seuls jusqu'à nous est venu.

DIRCE'.

Ah! ne nous flatons point! ce fantôme effroyable
M'a tenu cette nuit un discours tout semblable.

ALCINE.

Helas! de nos malheurs qui peut encor douter?

CELIE.

J'y vois un grand remede, & facile à tenter:
Une Reine paroist, dont le secours propice,
Nous sçaura garantir des efforts de Melisse.
Par tout de cette Reine on vante la bonté,
Et l'on dit que son cœur, de qui la fermeté
Des flots les plus mutins méprisa l'insolence,
Contre les vœux des siens est toûjours sans défense.

ALCINE.

Il eſt vray, je la vois: en ce preſſant danger,
A nous donner ſecours, tâchons de l'engager.
Diſons-luy qu'en tous lieux la voix publique étale
Les charmantes beautez de ſon ame Royale:
Diſons que ſa vertu plus haute que ſon rang
Sçait relever l'éclat de ſon auguſte ſang,
Et que de noſtre ſexe elle a porté la gloire
Si loin, que l'avenir aura peine à le croire;
Que du bonheur public ſon grand cœur amoureux,
Fit toûjours des perils un mépris géneréux;
Que de ſes propres maux ſon ame à peine atteinte,
Pour les maux de l'Eſtat garda toute ſa crainte:
Diſons que ſes bienfaits verſez à pleines mains,
Luy gagnent le reſpect & l'amour des humains,
Et qu'au moindre danger dont elle eſt menacée,
Toute la terre en deuïl ſe montre intereſſée:
Diſons qu'au plus haut point de l'abſolu pouvoir,
Sans faſte & ſans orgueïl, ſa grandeur s'eſt fait voir;
Qu'aux temps les plus fâcheux, ſa ſageſſe conſtante,
Sans crainte a ſoûtenu l'autorité panchante;
Et dans le calme heureux, par ſes travaux aquis,
Sans regret la remit dans les mains de ſon Fils.
Diſons par quels reſpects, par quelle complaiſance,
De ce Fils glorieux, l'amour la récompenſe;
Vantons les longs travaux, vantons les juſtes loix,
De ce Fils reconnu pour le plus grand des Rois;
Et comment cette Mere, heureuſement feconde,
Ne donnant que deux fois, a donné tant au monde.
Enfin, faiſons parler nos ſoûpirs & nos pleurs,
Pour la rendre ſenſible à nos vives douleurs;
Et nous pourrons trouver au fort de noſtre peine,
Un refuge paiſible aux pieds de cette Reine.

DIRCÉ.

Je ſçais bien que ſon cœur, noblement géneréux,
Ecoute avec plaiſir la voix des malheureux:
Mais on ne voit jamais éclater ſa puiſſance,
Qu'à repouſſer le tort qu'on fait à l'innocence.
Je ſçais qu'elle peut tout: mais je n'oſe penſer,
Que juſqu'à nous défendre, on la vit s'abbaiſſer.

De

De nos douces erreurs elle peut estre instruite,
Et rien n'est plus contraire à sa rare conduite.
Son Zele si connu pour le culte des Dieux,
Doit rendre à sa vertu nos respects odieux;
Et loin qu'à son abord mon effroy diminuë,
Malgré-moy je le sens qui redouble à sa veüë.

ALCINE.

Ah! ma propre frayeur suffit pour m'affliger.
Loin d'aigrir mon ennuï, cherche à le soulager;
Et tâche de fournir à mon ame oppressée,
De quoy parer aux maux dont elle est menacée.
Redoublons cependant les Gardes du Palais;
Et s'il n'est point pour nous d'azile desormais,
Dans nostre desespoir cherchons nostre défense,
Et ne nous rendons pas au moins sans résistance.

ALCINE, Mademoiselle du Parc.
CELIE, Mademoiselle de Brie.
DIRCE', Mademoiselle Moliére.

LORS qu'ils furent achevez, & qu'Alcine se fut retirée, pour aller redoubler les Gardes du Palais, le concert des Violons se fit entendre; pendant que le Frontispice du Palais venant à s'ouvrir avec un merveilleux artifice, & des Tours à s'élever à veüë d'œil, quatre Géants d'une grandeur démesurée vinrent à paroistre avec quatre Nains, qui, par l'opposition de leur petite taille, faisoient paroistre celle des Géants encore plus excessive. Ces Colosses estoient commis à la garde du Palais; & ce fut par eux que commença la premiére Entrée du Ballet.

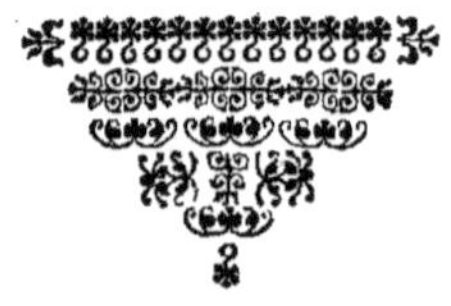

BALLET DU PALAIS D'ALCINE.

PREMIERE ENTREE.

QUATRE Géants & quatre Nains.

GEANTS.

Les ſieurs Manceau, Vagnard, Peſan, & Joubert.

NAINS.

Les deux petits Des-Airs, le petit Vagnard, & le petit Tutin.

DEUXIEME ENTREE.

HUIT Mores chargez par Alcine de la garde du dedans, en font une exacte viſite, avec chacun deux flambeaux.

MORES.

Meſſieurs d'Heureux, Beauchamp, Molier, la Marre: Les ſieurs le Chantre, de Gan, du Pron, & Mercier.

TROISIEME ENTREE.

CEPENDANT un dépit amoureux oblige ſix des Chevaliers qu'Alcine retenoit auprés d'elle, à tenter la ſortie de ce Palais. Mais la fortune ne ſecondant pas les efforts qu'ils font dans leur deſeſpoir, ils ſont vaincus, aprés un grand combat, par autant de Monſtres qui les attaquent.

Six Chevaliers, & ſix Monſtres.

CHEVALIERS.

Meſſieurs de Souville, Raynal, Des-Airs l'aiſné, Des-Airs le ſecond, de Lorge, & Balthaſard.

MONSTRES.

Les ſieurs Chicanneau, Noblet, Arnald, Deſbroſſes, Deſonets, & la Pierre.

QUATRIE'ME ENTRE'E.

ALCINE alarmée de cét accident, invoque de nouveau tous ses Esprits, & leur demande secours. Il s'en presente deux à elle, qui font des sauts avec une force & une agilité merveilleuses.

DEMONS AGILES.

Les sieurs Saint-André, & Magny.

CINQUIE'ME ENTRE'E.

D'AUTRES Démons viennent encore, & semblent asseûrer la Magicienne, qu'ils n'oublieront rien pour son repos.

AUTRES DEMONS SAUTEURS.

Les sieurs Tutin, La Brodiére, Pesan, & Bureau.

SIXIE'ME ET DERNIE'RE ENTRE'E.

MAIS à peine commence-t-elle à se rasseûrer, qu'elle voit paroistre auprés de Roger, & de quelques Chevaliers de sa suite, la sage Melisse, sous la forme d'Atlas. Elle court aussi-tost, pour empescher l'effet de son intention; mais elle arrive trop tard. Melisse a déja mis au doigt de ce brave Chevalier la fameuse bague qui détruit les enchantemens. Lors un coup de Tonnerre, suivi de plusieurs éclairs, marque la destruction du Palais, qui est aussi-tost réduit en cendres par un Feu d'artifice, qui met fin à cette avanture, & aux divertissemens de l'Isle Enchantée.

ALCINE, Mademoiselle du Parc.
MELISSE, M. de Lorge.
ROGER, M. Beauchamp.

CHEVALIERS.

Messieurs d'Heureux, Raynal, du Pron, & Desbrosses.

ECUYERS.

Messieurs la Marre, le Chantre, de Gan, & Mercier.

Fin du Ballet.

IL sembloit que le Ciel, la Terre, & l'Eau fussent tous en feu, & que la destruction du superbe Palais d'Alcine, comme la liberté des Chevaliers qu'elle y retenoit en prison, ne se pût accomplir que par des prodiges & des miracles. La hauteur & le nombre des fusées volantes, celles qui rouloient sur le rivage, & celles qui ressortoient de l'eau, aprés s'y estre enfoncées, faisoient un spectacle si grand & si magnifique, que rien ne pouvoit mieux terminer les enchantemens, qu'un si beau Feu d'artifice, lequel ayant enfin cessé aprés un bruit & une longueur extraordinaires, les coups de boëtes qui l'avoient commencé redoublerent encore.

Alors, toute la Cour se retirant, confessa qu'il ne se pouvoit rien voir de plus achevé que ces trois Festes; & c'est assez avoüer qu'il ne s'y pouvoit rien ajoûter, que de dire que les trois Journées ayant eû chacune ses partisans, comme chacune avoit eû ses beautez particuliéres, on ne convint pas du prix qu'elles devoient emporter entre-elles, bien qu'on demeurast d'accord qu'elles pouvoient justement le disputer à toutes celles qu'on avoit veûës jusques alors, & les surpasser peut-estre.

Mais, quoi-que les Festes comprises dans le sujet des Plaisirs de l'Isle Enchantée fussent terminées, tous les divertissemens de Versailles ne l'estoient pas; & la magnificence & la galanterie du Roy, en avoit encore réservé pour les autres jours, qui n'estoient pas moins agréables.

Le Samedy dixiéme Sa Majesté voulut courre les Testes. C'est un exercice que peu de gens ignorent, & dont l'usage est venu d'Allemagne, fort bien inventé, pour faire voir l'adresse d'un Cavalier, tant à bien mener son cheval dans les passades de guerre, qu'à bien se servir d'une lance, d'un dard, & d'une épée. Si quelqu'un ne les a point veû courre, il en trouvera icy la description, estant moins communes que la bague, & seulement icy depuis peu d'années; & ceux qui en ont eû le plaisir, ne s'ennuïent pas pourtant d'une narration si peu étenduë.

Les Chevaliers entrent l'un aprés l'autre dans la Lice, la lance à la main, & un dard sous la cuisse droite; & aprés que l'un d'eux a couru, & emporté une Teste de gros carton peinte, & de la forme de celle d'un Turc, il donne sa lance à un Page; & faisant la demi-volte, il revient à toute bride à la seconde Teste, qui a la couleur & la forme d'un More, & l'emporte avec le dard, qu'il luy jette en passant; puis reprenant

nant une javeline, peu differente de la forme du dard, dans une troisiéme passade, il la darde dans un bouclier, où est peinte une teste de Meduse; & achevant sa demi-volte, il tire l'épée, dont il emporte, en passant toûjours à toute bride, une teste élevée à un demi pied de terre; puis faisant place à un autre, celuy qui en ses courses en a emporté le plus, gagne le prix.

Toute la Cour s'estant placée sur une balustrade de fer doré, qui regnoit autour de l'agréable Maison de Versailles, & qui regarde sur le fossé, dans lequel on avoit dressé la Lice, avec des barriéres; le Roy s'y rendit, suivi des mesmes Chevaliers qui avoient couru la bague, les Ducs de Saint Aignan & de Noailles y continüant leurs premiéres fonctions, l'un de Maréchal de Camp, & l'autre de Juge des Courses. Il s'en fit plusieurs fort belles & heureuses; mais l'adresse du Roy luy fit emporter hautement en suite du prix de la Course des Dames, encore celuy que donnoit la Reine. C'estoit une Rose de Diamans de grand prix, que le Roy, aprés l'avoir gagnée, redonna liberalement à courre aux autres Chevaliers, & que le Marquis de Coaslin disputa contre le Marquis de Soyecourt, & la gagna.

Le Dimanche, au lever du Roy, quasi toute la conversation tourna sur les belles Courses du jour précedent, & donna lieu à un grand défi entre le Duc de Saint Aignan, qui n'avoit point encore couru, & le Marquis de Soyecourt, qui fut remise au lendemain, pource que le Maréchal Duc de Grammont, qui parioit pour ce Marquis, estoit obligé de partir pour Paris, d'où il ne devoit revenir que le jour d'aprés.

Le Roy mena toute la Cour cette apresdinée à sa Mênagerie, dont on admira les beautez particuliéres, & le nombre presque incroyable d'oiseaux de toutes sortes, parmi lesquels il y en a beaucoup de fort rares. Il seroit inutile de parler de la collation qui suivit ce divertissement, puis que huit jours durant chaque repas pouvoit passer pour un Festin des plus grands qu'on puisse faire.

Et le soir, Sa Majesté fit representer sur l'un de ces Theatres doubles de son Sallon, que son esprit vniversel a luymesme inventez, la Comedie des Fascheux, faite par le sieur de Molliére, meslée d'Entrées de Ballet, & fort ingenieuse.

Le bruit du défi qui se devoit courir le Lundy douziéme, fit faire une infinité de gageures d'assez grande valeur, quoi-que celle des deux Chevaliers ne fût que de cent pistolles. Et comme le Duc, par une heureuse audace, donnoit une Teste à ce Marquis fort adroit, beaucoup tenoient pour ce dernier, qui s'estant rendu un peu plus tard chez le Roy, y trouva un cartel pour le presser, lequel, pour n'estre qu'en prose, on n'a point mis en ce discours.

Le Duc de Saint Aignan avoit aussi fait voir à quelques-uns de ses amis, comme un heureux présage de sa victoire, ces quatre Vers.

AUX DAMES.

Belles, vous direz en ce jour,
Si vos sentimens sont les nostres,
Qu'estre vainqueur du grand Soyecourt,
C'est estre vainqueur de dix autres.

Faisant toûjours allusion à son nom de Guidon le Sauvage, que l'avanture de l'Isle perilleuse rendit victorieux de dix Chevaliers.

Aussitost que le Roy eût disné, il conduisit les Reines, Monsieur, Madame, & toutes les Dames, dans un lieu où on devoit tirer une Loterie, afin que rien ne manquast à la galanterie de ces Festes. C'estoient des pierreries, des ameublemens, de l'argenterie, & autres choses semblables : & quoique le sort ait accoustumé de décider de ces presens, il s'accorda sans doute avec le desir de S. M. quand il fit tomber le gros lot entre les mains de la Reine ; chacun sortant de ce lieu-là fort content, pour aller voir les Courses qui s'alloient commencer.

Enfin Guidon & Olivier parurent sur les rangs, à cinq heures du soir, fort proprement vestus, & bien montez.

Le Roy avec toute la Cour les honora de sa presence ; & Sa Majesté leût mesme les Articles des Courses, afin qu'il n'y eût aucune contestation entr'eux. Le succés en fut heureux au Duc de Saint Aignan, qui gagna le défi.

Le soir Sa Majesté fit joüer une Comedie, nommée Tartuffe, que le sieur de Molliére avoit faite, contre les Hypocrites : mais quoi-qu'elle eût esté trouvée fort divertissante, le Roy connut tant de conformité entre ceux qu'une veritable dévotion met dans le chemin du Ciel, & ceux qu'une vaine ostentation des bonnes œuvres n'empesche pas d'en commettre de mauvaises, que son extréme délicatesse pour les choses de la Religion, ne pût souffrir cette ressemblance du vice avec la vertu, qui pouvoient estre pris l'un pour l'autre. Et quoiqu'on ne doutast point des bonnes intentions de l'Auteur, Sa Majesté la défendit pourtant en public, & se priva soi-mesme de ce plaisir, pour n'en pas laisser abuser à d'autres moins capables d'en faire un juste discernement.

Le Mardy treiziéme, le Roy voulut encore courre les Testes, comme à un jeu ordinaire, que devoit gagner celuy qui en feroit le plus. Sa Majesté eût encore le prix de la Course des Dames, le Duc de Saint Aignan celuy du jeu ; & ayant eû l'honneur d'entrer pour le second à la dispute avec Sa Majesté, l'adresse incomparable du Roy luy fit encore avoir ce prix ; & ce ne fut pas sans un étonnement, duquel on ne pouvoit se défendre, qu'on en vit gagner quatre à Sa Majesté en deux fois qu'elle avoit couru les Testes.

On joüa le mesme soir la Comedie du Mariage Forcé, encore de la façon du mesme sieur de Molliére, meslée d'Entrées de Balet, & de Recits. Puis le Roy prit le chemin de Fontainebleau le Mercredy quatorziéme, toute la Cour se trouvant si satisfaite de ce qu'elle avoit veû, que chacun crût qu'on ne pouvoit se passer de le mettre par écrit, pour en donner la connoissance à ceux qui n'avoient pû voir des Festes si diversifiées & si agréables ; où l'on a pû admirer tout à la fois le projet avec le succés, la liberalité avec la politesse, le grand nombre avec l'ordre, & la satisfaction de tous ; où les soins infatigables de Monsieur Colbert s'employérent en tous ces divertissemens, malgré ses importantes affaires ; où le Duc de Saint Aignan joignit l'action à l'invention du dessein ; où les beaux Vers du Président de Perigny à la loüange des Reines, furent si justement pensez, si agréablement tournez, & recitez avec tant d'Art ; où ceux que Monsieur de Benserade fit pour les Chevaliers, eûrent une approbation génerale ; où la vigilance exacte de Monsieur Bontemps, & l'application de Monsieur de Launay, ne laisserent manquer d'aucune des choses necessaires ; enfin, où chacun a marqué si avantageusement son dessein de plaire au Roy, dans le temps où Sa Majesté ne pensoit Elle-mesme qu'à plaire ; & où ce qu'on a veû ne sçauroit jamais se perdre dans la memoire des Spectateurs, quand on n'auroit pas pris le soin de conserver par cét écrit le souvenir de toutes ces merveilles.

FIN.

www.ingramcontent.com/pod-product-compliance
Lightning Source LLC
LaVergne TN
LVHW050541100826
845148LV00002B/639